幸福的教室

——班主任创新工作指导手册

张林华 ◎ 著

浙江科学技术出版社

图书在版编目(CIP)数据

幸福的教室:班主任创新工作指导手册 / 张林华著. —杭州:浙江科学技术出版社,2019.7
ISBN 978-7-5341-8703-2

Ⅰ.①幸… Ⅱ.①张… Ⅲ.①中学—班主任工作—手册 Ⅳ.①G635.16-62

中国版本图书馆 CIP 数据核字(2019)第 127922 号

书　　名　**幸福的教室——班主任创新工作指导手册**
著　　者　张林华

出版发行　**浙江科学技术出版社**
杭州市体育场路 347 号　邮政编码:310006
办公室电话:0571-85062601
销售部电话:0571-85171220
网　址:www.zkpress.com
E-mail:zkpress@zkpress.com
排　　版　杭州大漠照排印刷有限公司
印　　刷　杭州丰源印刷有限公司
经　　销　全国各地新华书店

开　　本　710×1000　1/16　**印　张**　15.75
字　　数　266 000
版　　次　2019 年 7 月第 1 版　**印　次**　2019 年 7 月第 1 次印刷
书　　号　ISBN 978-7-5341-8703-2　**定　价**　42.90 元

责任编辑　罗　璀　**责任校对**　顾旻波
责任美编　金　晖　**责任印务**　崔文红

序一
PREFACE

班级文化包括精神文化和物质文化。物质文化由相互间的分工合作所产生，而这种分工合作又由班级规则和学习生活方式所决定；由此而形成的班级特有的精神文化将成为师生成长的核心力量。可见，班集体的活动形态对班级文化乃至学校文化的建设与发展，有着决定性的作用。其中，班主任的作为具有关键性的意义。

班主任是班级学生的领袖。班主任可以通过运用适当的管理方式，建立和谐的人际关系，构建和实施班级生活课程。班级生活课程源于班主任对学科核心素养和学生发展核心素养的认识，源于学生的诉求，源于对传统教育的反思，源于对未来的思考，即源于对教育本质的理解，其核心作用是提供发展的方向和人生的指引。班主任的一切行为建立在帮助学生获得更大进步这一理念上，放手为所有学生充分发挥个人潜力和实现目标创造一切可能的条件，让学生在此过程中获得足够的自信，获得各尽其美的发展和成功。这是班主任的重要素质。

班主任是班级学生的导师。所有活动设计，应以全体学生利益最大化为出发点，建设以学习为主的班级环境、并肩前进的生活机制，并寻求解决问题的途径，让所有学生获得最佳学习机会。著名教育家张伯苓先生说："我们作为一个教育者，不仅要教会学生知识，教会学生锻炼身体，更重要的是教会学生如何做人。"人虽然是理性的，但又不全是理性的：本能、欲望、需要、情感、情绪等，班级中的学生呈现出诸如此类多方面的诉求，班主任可以帮助他们寻找自由而充分发展的路径，并尊重为集体的成功做出贡献的每一个学生。这是班主任的一种重要师德。

班主任是班级学生的教练。面对秉性各异的学生，需要予以不同的指导，让学生养成刻苦学习的习惯、合作探究的习惯、包容批判的习惯，毕竟"习惯是人生的伟大指南”（休谟《人性论》）。同时，在任何组织机构里，引导心灵和激发思想都将释放最大的潜能，学生若是受到有尊严的对待、合理具体的指导，他们就能做出改善自身和周围环境的各种决定，这样让学生在选择中学会选择。学生是我们的未来，作为班主任，每天都在雕琢着未来。这是班主任的重要职责。

非常高兴，在本书作者张林华老师眼中，教育不仅仅是为了通过考试，而是为了生活，为了踏上社会后适应未来的生活；在他眼里，教育的对象是全面发展的人，是将来的社会人，是对自己的人生负责任的人；在他眼里，教育是育人的艺术，教室里所弥漫的气息应该是幸福的。“君子务本，本立而道生”，张老师把班主任分解为班级领袖、班级导师、班级教练，把教室当成学生能力发展的实验室，构建起与世界、社会、现实活泼而真切的联系，改善着教育的品质。这种改善体现在以下几方面：①把“红船精神”和英雄事迹贯穿在整个教育过程；②把知识学习和方法论结合融入班级管理；③以“敢为”的精神让学生享受“敢为”的乐趣；④把教室空间外延到家庭空间，在两个小小的社会单元里讨论着整个社会的活动系统，教室成了社会生活实践的基础。

本书所有的记叙是“多彩408”教室走过的路，在通往目标途中的每一个驿站，张老师都挑选了风景最好的地方。张老师在任教的经验重复中不断成长，从而产生了质变，形成了具有现代教育品质的班级课程，形成了具有可复制性的优良的班级文化，这些虽不能说确保“最优”，但至少可能是“最优”。相信，张老师在以后的教育生涯中，会创造出一个又一个的“优”。优秀的班主任都是在用激情“创业”，都是在用激情书写着教育续篇，张林华老师就是其中的一位。

想获得启发，请翻开此书。

嘉兴教育学院书记、院长

2019年5月于嘉兴

序　二
PREFACE

在“互联网＋”、社会转型和教育改革的大背景下，各种新情况、新问题不断涌现，这就需要学校教育作出不断的调整和跟进，以适应新时代的要求。

当前学校教育的普遍现状是“学校有文化，班级、教室无文化”。学校将校长的办学理念落实在日常教育教学过程中，不仅有物质文化、制度文化，也有精神层面的文化，逐步形成学校特有的校园文化。但是这样的校园文化是缺乏基点支撑的，这个基点就是各年级的班级文化。班级文化建设必然会使学校文化充满生命活力，使学校的办学理念落地生根，推动素质教育的全面实施。

班级建设的主体是班主任，而班主任面临巨大的教学和升学压力，班级管理的能力与水平也有待提高，因此班级文化建设很多也只是“表面文章”：教室布置得很有文化气息，但班级精神文化内核的建设还不到位，学生缺乏精神气，班级没有真正形成班级共同体。

可以说，现在班主任遇到的新情况、新问题，比过去任何一个年代的班主任遇到的问题总和还多。有一项调查显示：现在老师们最迫切的需求是如何创造性地开展工作，以适应不断发展变化的新情况，该项需求人数占调查总人数的 79.8%！

教育部《中小学班主任工作规定》明确提出，班主任要成为中小学生的人生导师。那么作为一名班主任，如何在教育管理过程中体现出“导”，这是一个值得深入思考和探索的问题。其实，很多时候，我们只需要换个角度，想一点创意，哪怕是微小的变化，就能够给自己的工作带来改变。

我们学校的办学理念是“致远教育，多彩发展”，其中有三个关键词——“尊重”“目标”和“旅程”，即尊重学生的个性差异，让每个学子心中都有一个进取、发展的目标，为孩子们生成一段共同成长的旅程，造就每一个学子的致远多彩人生。为了让学校办学理念得到真正落实，我们在班级文化建设中进行了不懈的实践探索。张林华老师无疑是我校的一位优秀骨干教师，作为“浙派名师”培养对象，他在教育教学中都有自己独到的见解，有很多创新的点子，积极开展教育改革实验，取得了一定的成绩。张老师这本书中提到的“多彩 408”教室正是我校校园文化建设的一个缩影，通过班级文化建设培养学生“敢为”的勇气，养成自信坚毅、乐于奉献的品性，培养良好的习惯，掌握高效的学习和生活方法。

我校一直在注意处理好两层关系：一是学生学习和思想引领的关系；二是学生学习和综合素质提升的关系。同时也主要做好四方面的工作：一是大力弘扬“红船精神”，深入推进红色德育品牌建设；二是抓好、抓实班级的常规工作，培养学生良好的行为习惯；三是做学生成长中重要的领路人，对整个班级的学生进行正确的价值观引领；四是要加强班级文化建设，营造良好的班级氛围，形成良好的班级风尚。

我校开发了丰富的省市精品课程，通过青年志愿者服务队、中学生业余党校等多个学生社团，借助“爱心义卖”“读书节”等十大展示平台，开展多彩的活动，陶冶学生性情，丰富校园文化。常规工作求质量，重点工作求创新，各项工作稳步向前发展。

我校切实贯彻落实《中小学德育工作指南》，结合“红船精神”进校园活动，以生为本，提高了德育工作的针对性和实效性，学校先后被命名为“嘉兴市德育基地学校”“嘉兴市‘红船精神’进校园示范建设校”“嘉兴市教育科研基地学校”“嘉兴市陶行知研究会实验学校”“全国中小学心理健康教育特色学校”。

希望通过此书能扩大嘉兴市第四高级中学“红船德育”的影响力和辐射面，形成教育品牌，从而助推全市的“红船精神”进校园活动。

嘉兴市第四高级中学校长 [signature]

2019 年 5 月

前言
PREFACE

从“第56号教室”到“多彩408”教室

《第56号教室的奇迹》是由美国“最有魅力教师”——雷夫·艾斯奎斯写的一本全球畅销书，书中记录了他坚守“第56号教室”25年，为社会培养了一大批有用人才的事迹。他提出了“道德六阶段”理论并进行应用和创新，营造出一种相互信任而没有害怕的学习氛围，学生热爱阅读与写作，用“艺术”当课余爱好。

雷夫的创新实践像一块磁石，深深地吸引了我，反复阅读、咀嚼之下，获益匪浅。后来我还专门制作了课件，与全校老师交流分享这本著作的阅读心得。

雷夫的事迹在我的心里播下了打造优质班级的种子。

诚然，每一位学生都是在特定的教室里成长的。被中国教育学会副会长朱永新老师誉为“中国的雷夫”的常丽华老师曾提出一个朴素的问题:“教室是什么?”她以诗歌般的语言告诉我们:“教室是我们的愿景，是我们想要到达的地方，是决定每一个生命故事平庸还是精彩的舞台，是我们共同穿越的所有课程的总和，它包含了我们论及教育时所能想到的一切，我们就是要守住一间教室，让生命在教室里开花。”

回想2017年带的高三毕业班，这是实行新高考改革后的第一届学生，我最有感触的一届，他们都非常棒，真心感谢同学们与我一起度过的这段美好时光。我付出了很多，也收获了很多，感触颇深。结合新高考改革，我将以往教育工作中积累的一些想法适时地践行，并把班级活动真实而完整地记录下来。还有一些没有来得及实践的想法，在2020届11班进行了再一次的优化与实施。

经过提炼总结，现在我把这些班级教育过程整理成了《幸福的教室——

班主任创新工作指导手册》一书，书中记录了我在“多彩408”教室里与学生一起度过的美好时光。在“多彩408”教室里，有“敢为”精神的引领，有班级共同体的合作，有“奇思妙想”的创新，学生有自己的行为准则，对自己提出更高的要求，在丰富多彩的主题班会和社会实践活动中，师生一起“不断成长，不断向前，不断发展”。这里的教育系列活动有“梦想启航”“阅读写作”“发明创造”“蜕变周旅行”“生涯发展”“‘加三’学科周”“选考模拟考试”“开心农场主”“形象法记英语”“爱心义卖”“班级共同体”“偶像剧”“高效日”“思维日”“考试信心”“三位一体”……可谓丰富多彩，不一而足。

纵观教育的不同阶段，一般讲“幸福教室”的理念和实践以小学阶段居多，而本书叙述的是中学阶段幸福教室的打造行程。相较于小学生，中学生更为成熟、理性，也更为复杂、浮躁，遇事更有主见和看法。在学业竞争压力加大的背景下，部分学生产生了较强的逆反心理。一位教育界同仁曾说“在中学阶段打造‘幸福教室’是不可能的”。的确，诸多问题致使中学教师进行教育创新成本更高、困难大，但我相信，只要全力以求，悉心经营，收获也会更大。

本书分为上、下两编和尾声部分，上编是“班级成长”，从理想信念教育、红色文化引领、“敢为”精神实践三个方面展开；下编是“学会学习”，主要包括班级联体建设、学习方法提升、考试节奏把握三个方面；尾声是“回眸‘多彩408’”，记录了“多彩408”学生高中生涯的体味感悟。

是的，在这“多彩408”教室里，我们要化“不可能”为“可能”。因为，教育本身提供了无限可能。春风可化雨，繁花恰似锦。

本书是浙江省“浙派名师”培养对象研修成果，也是嘉兴市第四高级中学作为嘉兴市“‘红船精神’进校园”示范校的工作实践成果。本书的写作与出版离不开嘉兴市第四高级中学和“浙派名师”培养对象研修班的支持与帮助。

感谢中国教育学会学术委员柳夕浪、全国知名高中教师王开东为本书作推荐，感谢嘉兴教育学院院长陆福根先生、嘉兴市第四高级中学周建中校长于百忙之中不辞辛苦为本书作序。

感谢黄文秀、夏成伟、俞敏娟、杜平、陶李刚、纪忠华、严昕、朱玲娟、孔宁、卢明、张益民、金玉荣、王学勤、周崴、蒋赟、郑军亮、沈永政、张瑛、华锋等领导和专家提出宝贵意见。感谢我的母校浙江师范大学的朱伟义教授、“浙派名师”林威、谢作俊、王学伟、韦红斌、刘美良等一大批专家和老师的合力协助。

感谢陈建根、樊燕琦、吴晓亮、朱旭东、高兆英、沈捷健、朱磊、梁良、俞庆浩、蔡军文、杨薇、朱梅芳、陈银娥、邵娜等老师的倾情帮助。

感谢王福洪，孙立卓老师的鼎力支持。

感谢嘉兴市第四高级中学广大同仁们的扶持！

最后，再次感谢“多彩 408”教室的 39 位同学和 2020 届 11 班的同学，是你们让我感受到教育的幸福。

没有你们就没有这本书的成稿。

人无完人，事无完美，书亦如是。恭请各位读者批评与指正。

著 者

2019 年 2 月

目　录

CONTENTS

上编　班级成长

理想信念教育——明晰目标 ›››››

红色文化引领——把握方向 ›››››

“敢为”精神实践——多彩发展 ›››››

下编 学会学习

尾声　回眸“多彩 408”

上编

班级成长

理想信念教育——明晰目标

人应该把快乐建立在长远的可持续的人生目标上，对目标的不断追求，可以带给人快乐与幸福。但是很多时候，学生不是没有目标，而是目标太多、太大、太远、太难、太模糊，让学生感觉目标与现实的关联不大，从而采取得过且过的态度。

在“多彩 408”这间幸福教室里，注重把握理想目标教育的节奏，进行适时教育；根据事情的发展、演变规律，在最有效、最易发生作用的时间，进行有效教育。在不同的时间点，我们将人生理想“贴门上（搬家仪式）”“说出来（梦想启航）”“作对照（蜕变周）”“飞上天（团队梦想）”和“种入地（个人梦想）”，使学生不断明晰自己的人生发展目标，憧憬生命的美好，发掘生命的潜能，为未来多彩的幸福人生做好准备。

班级初成："多彩 408"

因为高二（4）班前任班主任杨老师请产假，学校把班级托付给了我。这是一份沉甸甸的责任，为了这个班级学生的进步，我付出了很多，也收获了很多。

"不以规矩，不成方圆"，在原有班级文化的基础上，我多次召开班干部会议，并与全体学生沟通交流，进行系统梳理，初步形成了我们"多彩 408"的班级规范和准则。"多彩 408"教室指高二（4）班教室（门牌号为 408），"多彩 408"幸福教室是一个教育理想，也是一段奋斗历程。通过班级规范与多彩活动逐步形成有特色的班级文化，突显班级"敢为"精神，以班主任的"敢为"带动全体学生的"敢为"，让学生勇敢地表达自己，尽情地展现自己，实现健康、自由、快乐的多彩发展，感受到成长的幸福与快乐。

第一部分　班级文化建设

一、班级标志

多彩 408	Colorful 408
（中文）	（英文）

班标是一种特殊的符号，是班级的标志，代表着班级的特点、发展的方向和学生的精神风貌。

正如美国雷夫老师创造的"第 56 号教室"奇迹，我们在"多彩 408"教室内，以"敢为"精神作为班级精神，全体学生有共同的理想目标、精神信念、作风和行为准则，自由呼吸，多维度成长，以提升核心素养，适应社会发展需求，从而达成学校“致远教育，多彩发展”的育人目标。

我们要把“多彩408”教室打造成“幸福的教室”，就是“以激活、引发师生与家长的生命潜能为目的，以‘无限相信每一个人’‘无限相信每个行动’为出发点，以共同学习、共同实践、共同运动、共同表演、共同旅行为宗旨，共同编织美好教育生活的教室。”（汤勇.做朴素的教育［M］.北京：教育科学出版社，2014：201-202.）

我们在班级学生和家长中间进行了广泛的调查，以考察不同视野下对“幸福教室”的认识和定位，得出如下结果：

家长眼中的“幸福教室”	学生眼中的“幸福教室”
1. 学生勤奋好学，团结友爱，互学互促，积极向上； 2. 该安静时安静，该活跃时活跃，学习氛围优； 3. 老师耐心乐教，有水平，学生听得有味道，师生相互信任； 4. 激发潜能，能考上一个好大学； 5. 每个人都开心。	1. 同学和睦相处，互帮互助，共同学习，共同进步； 2. 学习氛围好，每个人都快乐，该玩玩得尽兴，该学学得安静； 3. 课堂上，老师与学生的脸上都洋溢着幸福的笑容，享受学习的乐趣； 4. 课堂有自由，有竞争，多互动，老师只是一个指导者； 5. 每个人都为了自己的梦想而努力奋斗； 6. 集思维、行动、交流于一体。

通过对比，我们发现学生与家长对幸福教室的理解有很多相似之处，如同学之间的互帮互助，良好的学习氛围，每个人都开心快乐，师生都能享受到教学的乐趣。但我们也注意到，作为家长都希望子女能“考上一个好大学”，而学生则更重视“为了自己的梦想而努力奋斗”，也更希望拥有一个宽松自由的学习环境。作为老师，要向着“幸福教室”的方向发力，“无限相信”学生，激发生命潜能，为学生编织美好的教育生活。

二、班级精神：“敢为”精神

学习资料一：

1921年7月底8月初，中国共产党第一次全国代表大会由上海转移到嘉兴南湖一艘画舫上继续举行并闭幕，庄严宣告了中国共产党的诞生。这艘画舫因而获得了一个永载中国革命史册的名字——红船，成为中国革命源头的象征。

“红船精神”的内涵：开天辟地、敢为人先的首创精神，坚定理想、百折不挠的奋斗精神，立党为公、忠诚为民的奉献精神。

其中首创精神指突破旧的观念、方法，用一种从未有过的创造性的思想、策略和方法来解决问题。开天辟地、敢为人先的首创精神是“红船精神”的核心。它是对早期共产党人在建党过程中表现出来的精神品质的概括，充分体现了党始终走在时代前列、追求人类进步的社会主义价值目标。

学习资料二：

美国积极心理学家彼德森曾根据自己的研究，提炼出几种最有助于预测生活满意度和未来发展成就的性格力量，主要有以下七项要素：勇气，自制力，热情，社交能力，感恩，乐观精神，好奇心。而勇气（grit），则是这些要素中的首要要素。

——保罗·图赫（美国）《性格的力量》

学习资料三：

雷夫老师毕业于加州大学洛杉矶分校数学系，是美国洛杉矶市霍巴特小学的五年级教师，他是美国最有趣、最有影响力的教师，曾获得美国“总统国家艺术奖”。他在长达25年的时间里坚守第56号教室，创造了轰动全美的教育奇迹。

“第56号教室”处于洛杉矶一个充斥着贫穷与暴力的地区，是一间非常“不寻常”的公立小学教室。“第56号教室”，到底有什么奇迹？奇迹一：十二岁的孩子，懂得忠于自己的原则，知道“品格”的重要性；奇迹二：从“第56号教室”离开的孩子，个个热爱阅读，且终身为自己的人生而读；奇迹三：“第56号教室”的孩子“管理金钱”的技巧，比他们的父母还强；奇迹四：“第56号教室”的孩子知道“考试”只是理解的温度计，怎么读比读多少更重要；奇迹五：在“第56号教室”的孩子，用“艺术”当课余爱好。

学习资料四：

学生的核心素养，主要指学生应具备的，能够适应终身发展和社会发展需要的必备品格和关键能力。发展学生核心素养是落实立德树人根本任务的重要举措，也是适应世界教育改革发展趋势、提升教育国际竞争力的迫切需要。我们把发展学生核心素养作为班级管理实践的依据和出发点。

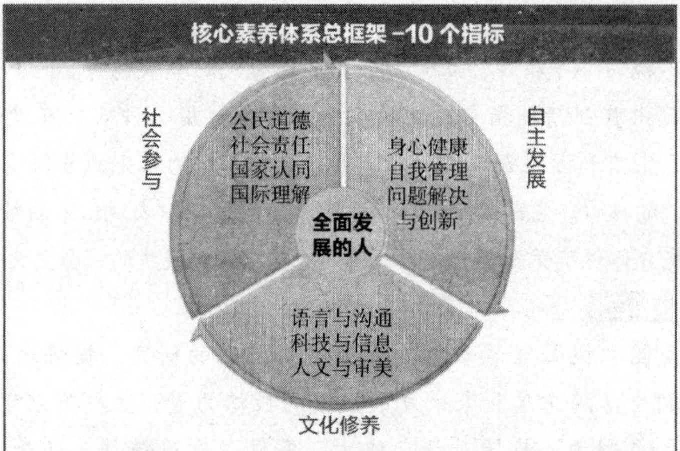

摘自北京师范大学林崇德教授的《中国学生发展核心素养研究报告》

通过资料的学习，结合班级实际，我们提出“多彩 408”教室的“敢为”精神:“敢为”精神源于“红船精神”，在“多彩 408”教室里，以开拓创新为价值取向，发掘潜能、完善自我，培养“敢想、敢做、敢当”的品性，充满热忱，为实现自己的初心而不懈奋斗。

把“敢为”精神确立为班级精神后，我们又将《少年羊皮卷 5（勇气卷）：永远都要坐第一排》作为“班级图书”，用书中的“‘无手摄影家’举办大型摄影展”“谋女郎——《一个都不能少》女主角魏敏芝‘想演就勇敢地站出来’”“‘箭牌’口香糖在‘大胆犯错’过程中提升自己”等事迹，激励学生“敢想、敢做、敢当”。

三、班训

以“敢为”促“多彩”

如果你不敢开始，你永远都无法成长；
如果你不敢寻找，留下的将会是遗憾；
如果你不敢承担，将辜负师长的信任。

四、学生发展目标

追求个性发展和多彩发展，做一个幸福的人。

五、班级偶像

在主题班会“偶像剧”上，同学们自己推选出两位偶像：周恩来、宋仲基。

六、班级口号

生命因进取而辉煌，青春因拼搏而壮美！

七、班级口头禅

“多彩 408”
班级口头禅

- Did I fight?
- I am legend!
- My responsibility!

八、班级学习规范

课前规范：自主预习，明确疑点；
课堂规范：情绪饱满，积极思考；
课后规范：回味质疑，整理笔记；
作业规范：复习深思，有错必纠。

九、班级共同的做事方式

主动——主动规划、主动学习、主动担责、主动突破；
精致——善于思考、重视细节、精益求精、追求卓越；
合作——分工负责、协作共进、沟通协调、求同存异；
创新——敢于创新、借鉴改造、整合生发、原创改进。

十、责任田

不断向学生灌输责任感，强化学生的责任意识，为自己和家人而学，为学校争光，给社会作贡献，让学生化责任感为自己的行动。在接班之初，让每位同学写下自己的班级职责任务，班长进行汇总。然后召开班干部会议，明确各项班内事务并进行细化，给每人分配“责任田”，使得班内“人人有事干，事事有人干”。

强调敢于对自己的行为和自己犯的错误负责，还要敢于对自己的承诺负责。引导学生经常性地问自己三个问题：你最近在思想或生活方面有没有犯过错误，你对你的错误负责了吗？你最近学习上的错题都订正了吗，是否真正掌握了？你有给别人承诺，但是最后没有做到的事吗？通过学生的回答，让学生反思自己的行为，培养自己的责任心。

第二部分　班级共同活动

一、自制力训练游戏

人最困难的就是战胜自己，自制力是坚强的重要标志。为了培养同学们的自制力，我们仿照卡尔·威特培养小卡尔的方法，在课后做“静下来”的挑小木棍游戏。规则要求参赛者在一定时间内从一堆小木棍中移走一根，不能移动其他木棍，游戏具有一定的挑战性，需要参赛者注意力集中，动作协调。比赛时，旁观者可以以任何方式干扰参赛者，参赛者每取出一根木棍就得一分，如果不受对方干扰，就得两分。

这个游戏可让人学会通过深呼吸、控制注意力等手段排除干扰，专注地干自己的事情，认识到情绪会对人的行为产生影响，学会控制自己的情绪。

此外，我们还做“定”游戏。这项比赛设一位或几位裁判，要求比赛学生先模仿自己的偶像做各种动作，做出不同的脸部表情、不同的神态，过一段时间，主裁判随机发出“定”的指令，这时要求每位参赛者要立即停止一切活动，并一直保持这个动作直到忍不住为止，保持动作到最后的同学为获胜者。做这个游戏还有一个好处，在自修课有个别学生吵闹，或者在已经开始上课但学生还没有安静的时候，我喊一个“定”，整个班级瞬时凝固，时间停止运转，直到听到“解”，才解除凝固模式。透过“定”和“解”，同学们看到了自己的行为，也会反思自己的行为，有利于形成安静的班级学习氛围。

二、人生进取瓶

"人生进取瓶"是学生自己展示"敢为"品性的演讲舞台，以培养自信、有思想、敢表达的人。在学生提供的一个精美的透明玻璃瓶中装上每位学生的学号签，随机抽取学号，被抽中者就上台演讲。演讲主题由学生自己确定，一般是以刻苦学习，加强文明修养，生涯发展目标等内容为主，兼顾读书心得、活动感悟、亲情交流等方面。

在每天的数学课前花两到五分钟的时间，让一个个学生上台演讲，把自己的主张、观点和感悟讲出来，让学生自己教育自己。不管上台的同学演讲得怎么样，他总会得到下面同学的热烈的掌声。而班主任的任务就是给学生拍照或录像。活动虽小，但意义重大，长期坚持"道德长跑"，不仅培养学生的自信心，而且增强了班级的向心力和凝聚力，营造出一种积极向上的进取氛围。

整个演讲活动共分为两轮：第一轮自定主题演讲；第二轮抄写名人名言并进行阐释。

"人生进取瓶"名人名言摘录

在第二阶段的"人生进取瓶"活动中，重点围绕"创新、奋斗和奉献"主题词展开。部分内容摘录如下：

中国通过自己自主创新掌握核心技术的能力而不靠买别人的技术，只有这样中国企业才能在国际市场打出自己的品牌，赢得世界的尊重。

——董明珠

幸福是奋斗出来的。

——习近平

如果有什么需要明天做的事，最好现在就开始。

——富兰克林

多少事，从来急；天地转，光阴迫。一万年太久，只争朝夕。

——毛泽东

如果我们想交朋友，就要先为别人做些事——那些需要花时间、体力、体贴、奉献才能做到的事。

——卡耐基

三、周末家庭会议

家长是学生的第一任老师，家长的有效陪伴是最好的教育。家长陪伴孩子成长的过程，其实也是家长与孩子共同成长的过程。随着社会的进步，家长的素质日益提高，他们有开阔的眼界、深刻的思考、独到的见解，是学校教育的强大后援力量。“好孩子是夸出来的”，发现孩子的优点并固化，是家长的职责与使命。

开展“周末家庭会议”，是家校合作的一个全新尝试，教师虽然没有参加会议，但通过家长微信群等沟通方式可以把班级举行的周教育主题内容告知家长，让家长在家里与孩子进行每周一次的“促膝谈心”，可以优化学校教育效果，改善亲子关系。

家风，影响着一个人的品质和行为，关系着一个家庭的幸福和谐。利用“周末家庭会议”时间订立《家庭公约》，是建设良好家风、培育优秀学子的有效途径。订立《家庭公约》的第一步是和父母一起，针对家庭的现状，设计 3 ～ 5 个家庭建设关键词，如：爱心、责任、好学、尊重、诚实、奉献、沟通……第二步是结合关键词，订立《家庭公约》，如：说话温和，控制情绪，不发火，不抱怨；每个人都保持房间整洁，用好的物品放回原位；用心倾听对方说话，发生争执也要心平气和；形成经常相互学习、讨论、分享成果的习惯，等等。

【学生感悟】

每天一点点的进步具有无穷的威力。别小看那微不足道的“一点点”，日积月累起来就绝不是一个小数目。很多时候我们看不到一个小小的进步，但若干年后却会发现自己已经脱胎换骨。（厉聪颖）

【周末家庭会议】

1. 每人谈谈因为做得不规范而受惩罚的例子，最好是发生在自己身上的；

2. 在家里做“静下来”或“定”游戏，培养孩子自制力，同时形成良好的亲子关系；

3. 确定“人生进取瓶”主题，写演讲材料，再调整音量、音调、音速，饱含情感对着镜子练习，再到家庭会议上进行试讲；

4. 参考网上名人的《家庭公约》，制订自己家的《家庭公约》，明确每位家庭成员的家庭责任，确立家庭梦想。

【教育反思】

班级精神，是整个班级的师生在努力创新和发展的过程中，不断积淀、整合、提炼出来的，反映了一个班级全体师生共同的理想目标、精神信念、作风和行为准则，是在班级中随时随处都可以感觉到的，被全体师生认同的一种精神力量，“最具有内在性，是班级文化的核心”。只有在班主任精心设计、精心实施的各项教育活动中，逐步形成了统一的目标、信念、作风和行为准则的时候，这个班才有了班级精神，才可以称之为真正意义上的班级。浙江省永嘉中学谢作俊老师创建了“白鹭班”“榴莲班”“狮鹫班”，现在正在组建“胡杨班”，充分发挥班级精神的内生力量，师生在教室内幸福成长，而“高考成绩只是顺带的”。

规则意识，大到国家、小到个人都非常重要。曾经看到过这样一段话，“有规则的人过马路时看是不是红灯，而没有规则的人是看有没有警察”。有规则意识的人有自己的行为准则，做事有分寸，学生可以思想上自由，但不能在行为上放任。班级的规章制度是集体成员的行为准则，有助于良好班集体的形成。明确建立班级规则的必要性：①明确期望以供努力；②明确规则以供依循；③明确目标以供奋进。规则意识与创新意识、多彩发展并不矛盾，反而会起到促进作用。

班级管理过程课程化，让学校的教育教学变得清晰、可触摸，有利于创造家校无缝对接的教育模式。在孩子读书的初期，每一位家长都满怀信心，想把子女培养成“佼佼者”，但是随着时间的推移和学习成绩的分化，有些家长在内心把孩子认定为“失败者”。自然而然地，这些家长会产生漠不关心、顺其自然的想法，甚至怕来学校、怕见老师，不利于学生的成长。通过“周末家庭会议”，让家长知晓学校发生的事情，提高家长参与孩子教育的热情，在家校合作教育中加入更多爱和亲情的元素，进行有效陪伴，增进和谐的亲子关系，形成家校合力。

侯鸟迁徙：高三搬家仪式

时间：高二第二学期期末考试前夕

高考结束，原高三学生已经毕业离校，为增强学习紧迫感，使高二同学提前进入到高三的学习和生活状态，我们全年级都搬进高三教学楼学习。利用进入新环境学习这一教育契机，我们总结过去展望未来，一方面布置“新家”，展示写有目标理想的个人“领带”，建设优质的教室物质文化；另一方面更换班歌，端正学生学习动机，深化班级“敢为”精神，建设强大的精神文化，激励学生为实现自己的初心而努力奋斗。

第一部分　搬家前期准备

在新教室，如何让每一面墙都成为会说话的教育载体，营造一种积极向上的学习氛围，是我思考的第一个问题。我们重点从以下三个方面进行：

一、教室墙面布置

在我还没有来得及布置的情况下，教室的大门上，贴上体育委员忻诗杰挑选的新居对联“入

班徽：

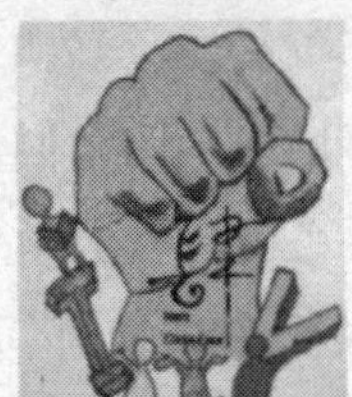

班级：304（致远4班）　班主任：张林华
班长：曾敏烨　团支书：周静雯
副班长：顾宇衡　劳动委员：陈威　学习委员：沈婷
宣传委员：姚昳芳　张雨萱　周洁　勤学会长：戴王磊
班歌：《我的梦》
班级口号：厉兵秣马，拼一年春秋冬夏；
破釜沉舟，博一生无怨无悔。
班级管理理念：提高标准，相信潜能，赢在优势。

新居合家皆禧，展鸿图心想事成——华堂生辉（横批）”；在教室前面的墙上，贴上了由班长从淘宝网上精心挑选的“不忘初心，方得始终”的宣传画。在班级侧墙，除了将“多彩408”的“静悄悄”继续保留外，另一幅字画换成了学生更喜欢的“沉迷学习，不能自拔”。

教室外面的宣传窗内，我们精心设计制作了“班级形象墙”。

二、制作班级“领带”

个人目标是个人所期望的成果。要将大目标分解成一些小目标，并给自己限定完成小目标的时间以及具体措施，这样坚持下去，才能一步一步地实现大目标。

这里有一个“用智慧战胜对手”的小故事：

> 1984年，在东京国际马拉松邀请赛中，名不见经传的日本选手山本田一获得了世界冠军。当记者问他凭什么取得如此好的成绩时，他总是回答一句话:“用智慧战胜对手”。原来，在每次比赛之前，他都要乘车把比赛的线路仔细地看一遍，并把沿途比较醒目的标志画下来，比如第一个标志是银行，第二个标志是一棵大树，第三个标志是一座红房子……这样一直画到赛程的终点。比赛开始后，他就以百米的速度奋力地向第一个目标冲去，等到他到达第一个目标后，他又以同样的速度向第二个目标冲去。40多公里的赛程，就被分解成这么若干个小目标轻松地跑完了。起初，山本田一也不懂得这样的道理，他把他的目标定在40多公里外终点线的那面旗帜上，结果他跑到十几公里时就疲惫不堪，因为他被前面那段遥远的路程给吓倒了。

受这个故事启发，同学们仿照山本田一的“目标分解法”，先写下大目标，明确自己高考要考上什么大学什么专业。然后，将离高考剩下的时间分成几个小段，以各次大型考试为时间节点，写下要达成的阶段目标。高三年段将要经历的大型考试有:10月全市高三基础测试、11月省统考、期中考试、第一学期期末考试、高三第一次模拟考试（一模）、高三第二次模拟考试（二模）、全真模拟考试、高考。在每一次完成目标后，可以用忻诗杰同学的办法给自己一些小的奖赏，完成大目标后给自己一个大奖赏，如高考结束后，进行一次向往已久的长途旅行等。

定个目标，然后忘记了，就等于没有目标。为了时时刻刻能记住自己的目标，我们要把自己的目标写下来，贴出来，告诉身边人，并经常想象自己获得成功时得到的奖赏和喜悦心情。

我们的教室后面有一排柜橱，每人都分配到一个柜子，这是大家平时放置书本练习簿的地方。在柜子的门上我们贴上自己的高考目标或努力方向，这是展示我们个人形象的“领带”，向老师和同学们展示自己的目标和决心，不断激励自己努力奋斗。

三、更换班歌

班歌能展示班级精神，好的班歌催人奋进，给人以正确的价值观引导。

我们原来的班歌是歌星李某某的一首歌，歌曲好听且催人奋进。但是李某某后来因吸毒和涉嫌“容留他人吸毒”罪获刑。鉴于此，部分同学建议班长把班歌换掉，换成没有争议的其他明星的歌，而另一些同学觉得不理解，班歌只要好听就行，换不换无所谓。为此，班长召开班干部会议，并征求全班同学意见，在统一意见后，把班歌换成了张靓颖的《我的梦》。

第二部分　主题班会

搬家的前期准备结束后，我们趁热打铁，召开了“搬新家”主题班会。

一、古代搬家习俗

中国自古就流传下来一些搬家习俗。来看看老祖宗都有哪些新房入住前的风俗习惯：

1. 新房入住时要燃放鞭炮，驱邪辟禳；

2. 搬家当天尽量说些吉祥话；

3. 米桶装入八分满的米，碗筷放在水桶中，双数较好，高档衣服装入箱包搬入新家；

4. 带上一把老屋的泥土，以期免于水土不服；

5. 新家门要贴上红对联，以求吉利，并把家中灯光开亮，以求平安；

6. 当天晚上宜煮些甜汤圆等甜品，全家共食，表示一家团圆，甜甜蜜蜜之意。

为了搬新家，我们也提前做了一些准备工作：对教室这个新家进行了整体布置，擦干净自己的桌椅，进行班级卫生大扫除，保证我们有一个整洁美丽的学习环境，并给这个新家拍了照片。在这里，我们将度过充实、紧张、有收获的一年，大家相亲相爱，和谐共处，一起进步！

二、播放《多彩408》视频

班长曾敏烨回顾高二第二学期班级同学的学习生活情况，表扬班级先进人物。班级“电脑专家”高越元将高二时学生经历的事情通过照片、视频、文字等形式，整合制作成《多彩408》视频。视频的播放，感动了班里每一位学生，给高二学习生活画上一个圆满的句号。

三、给我一个学习的理由——学习动机大讨论

学习动机是学生寻找学习活动的意义与价值，并努力从中获得预期的学业收益的倾向。它是直接推动学生进行学习的一种内部动力。由学生活动本身引起的心理因素如兴趣、爱好、求知欲等转化而来的动机属于内在动机；由学习结果引起的心理因素如成绩、荣誉、奖励等而产生的动机属于外在动机。动机具有加强学习的作用，高动机水平的学生，其成就也高；反之，高成就水平也能引发高的动机水平。

端正学习动机大比拼

以学习小组为单位，对以下学习动机进行讨论，统一思想，选择大家认为合适的学习动机。

学习动机列表：

序号	学习动机内容	小组动机的认可程度（打分 A、B、C、D）	我的动机选择	专家给分
1	让家长满意			
2	将来能有个好工作			
3	考上满意的大学			
4	学习本身就很有意思			
5	我要成为一个知识丰富的人			
6	实现我理想的必由之路			
7	得到老师的表扬			
8	好成绩带来的荣誉让人有优越感			
9	令自己在人际交往中更有实力，更有信心			
10	读书是为自己，我自己要读书			
11	不读书我也没地方去			
12	读书是改善境遇的方式			

每一位同学由此找出自己的动机，并纠正不正确的动机。

四、高三意味着什么

1. 高三意味着什么？小组讨论，推选小组代表发言。

2. 听听过来人怎么说。请学校的优秀毕业生发表高三学习感悟：

朱晶：高三给我的不是数学英语，而是一颗对未来永远充满希望的心，是不懈追求的毅力和持之以恒的耐力，有了高三，我才知道什么叫奋斗，这和知识无关，高三关乎人的灵魂；

袁依晨：到了大学才知道，高考考的有些知识确实对我们没什么用，但当看着别人堕落的时候，才知道高三带给我们的品质有多重要；

张昌浩：为了梦想而必须努力的一年，面对着高考的压力，面对着家人对你的期盼，勇往直前，在痛苦中成长，每天叫醒你的是梦想。

3. 集体朗诵《高三之美》。集体朗诵《高三之美》，是为了让同学喊出“高三，我来了”，“我们会有一个光辉的未来”，对高三保持一种期待心理，保有战胜一切困难险阻的决心和勇气。

高三之美

高三之美，在于专注。一生之中，有几次能像高三一样，心无旁骛地为一个目标奋力拼搏？任凭窗外花开花落，窗内永远是苦读的身影。

高三之美，在于温情。我们不光收获学习的乐趣，还将收获友情与师生之间最深厚的情谊——赛场上失败时同学们深情的鼓励，难题面前老师不厌其烦的讲解，学习小组共同讨论进步，都将是我们温馨的情感记忆。

高三之美，在于梦想。多少次在梦中走进心驰神往的大学校园，梦醒时分，没有惆怅，只有发奋的动力与激情。在一次次努力之后，看着自己一点点地进步，心里将充满期待与惊喜。

高三之美，在于成熟。经历这段刻骨铭心的岁月，你会真正理解什么是为了梦想而奋斗，什么叫作“敢为”精神，什么叫作百折不回。这将会是受用一生的精神宝贵财富。

因为我们有一颗勇敢、乐观的心，我们一定能从灰色走到缤纷，从失败走向辉煌，成就精彩美丽的人生！

五、唱班歌《我的梦》

学唱班歌《我的梦》，这是华为手机主题歌曲，先学张靓颖的中文版歌曲，再听洛杉矶歌手 Delacey 英文版歌曲《Dream It Possible》，这样对照学习，让学生充分体会中文与英文两种语言的妙处。

六、相互贺喜

最后一个环节，在《我的梦》动听的班歌声中，同学们相互恭贺乔迁之喜，吃甜食，求喜气。班长将准备的糖果通过“天女散花”的形式分发给大家，没有抢到的同学到讲台上领取。然后相互道贺：“我们搬新家了！”“这是一个新的开始！”

【参考资料】

学生学习动机评分标准

学习小组对每项动机的认可程度进行打分，分为 A、B、C、D 四档，对应分值为9分、6分、3分和1分。每组与专家老师给出的分值对照，以相同的数量计数，如果某组与专家老师给出的分值一致或最接近，则为优胜组。虽然专家老师的评分也只是一种参考，但很值得我们深思。

1. 让家长满意（C）。仅有这样的理由是不够的，这多少有点被动消极。尤其当学习遇到挫折时，仅仅为家长而学会让人心生厌烦。

2. 将来能有个好工作（B）。这是一个良性动机，我相信这是很多同学心中所想。然而年龄越小，社会阅历越不丰富，对这一理由的理解就越不充分。

3. 考上满意的大学（A）。这是个直接的理由，而且是非常贴近你们的理由。特别在现在这样竞争激烈的社会中，考上优秀的大学显得更加重要。如果你是个有行动的人，则动力更足。然而动力越足，压力也会越大，需加以注意。

4. 学习本身就很有意思（A）。兴趣永远是个良性的理由，但愿不是心血来潮。可惜很少有同学能够做到。

5. 我要成为一个知识丰富的人（A）。这是一个充满主动性、积极性的理由。

6. 实现我理想的必由之路（A）。有长远目标当然很好，它令动力更持久。若能有短期目标则效果更佳。

7. 得到老师的表扬（C）。你成绩好，老师喜欢你；老师喜欢，你成绩会更好。良性循环令动力自动增加，但需注意在得不到老师表扬时该怎么办。

8. 好成绩带来的荣誉让人有优越感（B）。荣誉能强化学习动力，但是如果得不到荣誉，会不会令动力缺失呢？

9. 令自己在人际交往中更有实力，更有信心（B）。成绩好的同学在交往中当然有优势，但是应注意不要滥用这份优势。人际交往自有其技巧和规律。

10. 读书是为自己，我自己要读书（A）。真正意识到这一点，学习也就能成为自觉的一件事。这是我对大家的期望。

11. 不读书我也没地方去（D）。上学成了消磨时间的方式，对学习基本不构成动力。

12. 读书是改善境遇的方式（A）。这解释了一些家庭经济条件不是很好的孩子为什么反而能勤奋学习。不过，这同样会带来巨大的压力。

【周末家庭会议】

1. 孩子谈谈搬新家的感受，父母谈谈自己曾经经历的搬家（或建造新房）的过程与感受。

2. 大人说说在自己的人生关键时期，令自己满意的做法和不够满意的地方。

3. 每个家庭成员说出自己的梦想，重温家庭梦想。

【教育反思】

美国心理学教授凯勒提出了一个 ARCS 动机模型，他认为要激发学习者的动机就必须满足动机的四个条件：注意（Attention）、相关（Relevance）、信心（Confidence）、满足（Satisfaction）。这四个条件可表示为首字母缩略词 ARCS。凯勒提出的这个模型是一个序列的过程：学习开始，我们首先要引起学生的注意，使学生参与活动（A）。学生一旦参与活动，他们就会不自觉地问："我为什么要学它？"学生在相信学习与其个人目标有关时，才会努力投入活动（R）。学生虽然认识到了学习任务和个人目标有关，是有意义的，但是学习毕竟是有难度的，这就涉及信心（C）。凯勒认为最后要让学生有持续的学习欲望，即保持学习动机，学习就必须产生一种满足感（S）。

激发学生的学习动机，就要解决"相关"和"信心"问题，除了对于动机正确的归因——学会将失败的原因归结为不够努力外，还要判断学生有无"自我设限"，树立"人人都可以是成功者"的理念，把学习看作提高能力、完成任务的过程。此外还要关注"满足"，注意合理运用奖赏，使学生认识到得到奖赏不是目的，而是对学有成效的肯定。奖励因人而异，重视满足学生的内在需求。

定标励志："致远4班"

由于高三（4）班教室门牌号已经不是408，而且在高三年级面临着更沉重的学业负担，班级工作重心转移到学生在高考中考出好成绩、提前为大学生活做准备上来，因此我们班商量确定将"多彩408"更名叫做"致远4班"。

在"第56号教室"中，雷夫老师知道要十二岁的孩子达到更好的境界是一个非常高的标准，但他还是这么要求他们。"第56号教室"的孩子们懂得忠于自己的原则，知道"品格"的重要性。既然十二岁的孩子都能做到，我们将要十八岁成人的同学为什么就不能做到呢？从"多彩408"到"致远4班"，我们每位学生将继续发扬"敢为"精神，"红船"领航，多彩致远，践行"提高标准，相信潜能，赢在优势"的班级管理理念，为进入更广阔的人生舞台做准备，书写自己的人生。

一、班级奋斗目标

作为学校的优质班级，"致远4班"奋斗目标是：班风正，学风好，幸福感强，高考成绩上要力争卓越，综合素质上要人人有"专业"特长，让"致远4班"成为真正的"超级4班""最牛4班"。

> 我的教育理想：
>
> 我们班的每位同学成为各行各业的翘楚，每个人做一个有内涵的人，做一个会学习的人，拥有幸福的人生。

二、找准人生定位

我们希望每一个人都成为

社会有用人才，成为各行各业的翘楚，拥有幸福的人生！

运用美国泰勒·本－沙哈尔的《幸福的方法》中提到的MPS模式，找准人生定位。MPS模式，指的是意义（Meaning）、快乐（Pleasure）和优势（Strengths）。寻找可以发挥我们优势的适合的工作通常是很有挑战性的。

我们用以下三个关键问题来用心地问自己：什么能带给我意义？什么能带给我快乐？我的优势是什么？要注意顺序，把问题的答案写下来。然后看一下答案，找出这其中的交集，这样的工作就是最能使你感到幸福的工作。

下面以一种简单方式来解释MPS模式的应用，这是一位女生的MPS模式图。观察优势、快乐和意义三个关键问题的交集，显然，和孩子们在一起的活动可以给她带来快乐和意义。

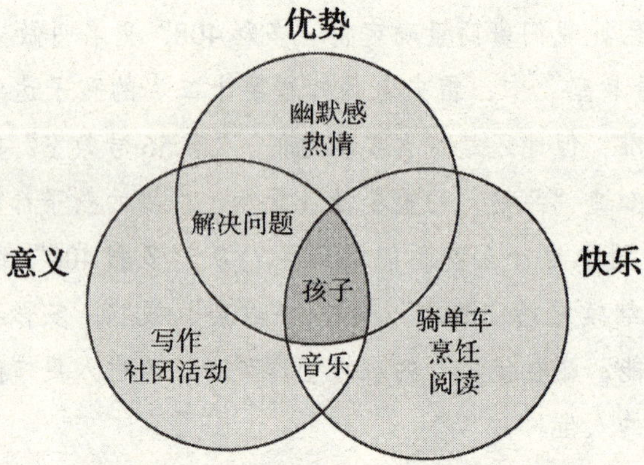

使用这种方法不一定能帮助我们找到薪酬最高的工作，却可以帮助我们找到能获得幸福感的工作。MPS方法也可以帮助我们在其他生活领域做出重要的决策，如选择自己的“加三”选考课程和选修课程。

三、班级管理理念

提高标准，相信潜能，赢在优势。

（一）提高标准——取法乎上

孟子是我国战国时期伟大的思想家、教育家、政治家、文学家，也是儒家的主要代表人物之一。孟子说，古代的神射手后羿教人射箭，一定要求把弓拉满，弓没有拉满，蓄积的力量不够，怎么能射得准、射得远呢？他还说，高明的木匠教导人，一定要用规矩，就是圆规跟曲尺，该画圆就画圆，该画方就画方，要照规矩来。归结起来，孟子要求受教育者取法乎上。

取法乎上指学生在学习过程中，不能让老师降低标准，学生要往上提升，提高自己的目标，这是对学生提出的基本要求。这个“上”当然不限于身边的老师。取法乎上也是对我们“致远4班”学生提出的基本要求。

第一，持其志。孟子主张“持其志”，所谓志向，即心意之定向也。学生在学习过程中要树立远大的志向，存养浩然正气。

第二，躬行实践。有了崇高的志向，就需要以坚韧顽强的精神去亲身实践和体验。每个人都知道孟子的名句：“故天将降大任于斯人也……”孟子的进取精神表现在不怕吃苦的顽强精神和自我改造精神。坚持不懈地努力才会有成功的可能。

第三，独立思考。孟子认为，读书学习须靠自己去求索精研。他说：“求则得之，舍则失之，是求有益于得也，求在我者也。”老师应使其“自求自得”，通过自己的积极努力去获得。

第四，专心致志。孟子说：“学问之道无他，求其放心而已矣。”旨在反对三心二意的读书态度。曾举弈秋教人学棋为例，强调“不专心致志，则不得”的道理。

（二）相信潜能——自信敢为

美国激励大师安东尼·罗宾给年轻人的忠告，我们每个人都有巨大的潜能，可惜的是，我们往往忽视它的存在。每个教育的失败都表示某个孩子真正的潜能未得到充分的开发。

1. 一个发生在日本的有关潜能的故事：

一天，一母亲上街购物，把4岁的孩子单独留在家中。购物返回，走至自家楼房的马路边，突然发现儿子正爬在阳台上。在她看见儿子的同时，儿子也惊喜地发现了她。她下意识地摆摆手示意儿子赶紧爬下阳台，离开危险地段，可儿子却错误地理解了她手势的意思，做了一个拥抱的姿势向她扑来。儿子一脚踩空，从12层楼上跌了下来。在那一瞬间，一声呼喊几乎能震破人的耳膜，有人痛苦地闭上眼睛，有人眼睁睁地看着她儿子像一只翻飞的燕子倒栽跟头跌下来，人们知道那个场面惨不忍睹，个个都埋下了头。但谁也没有想到，就在他们闭上眼睛的一刹那，却有一道黑色的旋风不顾一切地从他们跟前呼啸而过，穿过熙攘的人群，绕过川流的车辆，飞越过一条十几米宽的马路，向她儿子坠落的地方冲去。等到人们回过神来的时候，发现她正跌坐在地，4 岁的儿子在她怀里哇哇大哭。儿子安然无恙，她却脸色惨白。

人们做过一次次模拟实验：从 12 楼窗口扔下一个枕头，让最优秀的消防运动员和世界短跑冠军从相同距离飞身来救，试验了很多次，始终相差很远，人们可能永远都无法想象母亲的速度，它超越生命极限，不为获得世界冠军，仅仅为自己孩子的生命。生命的潜能足以震惊生命本身。

2. 开发潜能有三大要素，即高度的自信、坚定的意志、强烈的愿望。（1）高度的自信是一切成功的基础。自信会唤起激情，使你进入一种特殊的功能态，这时你的思维会非常活跃，在这种状态下，会真正感觉到灵感四溢。因此，信心是潜意识能量的精髓和灵魂。（2）意志是人自觉地确定目的，并根据目的调节支配自身的行动，敢于克服困难，去实现预定目标的心理倾向。当人们拥有坚定的意志，人类潜意识深层次的力量就会被激发出来，助你走向成功。（3）渴望，就是迫切地希望，殷切地盼望。当人强烈渴望某个事物，尤其当这种渴望的强烈程度已深入影响到潜意识时，他便会求助于潜意识中的意志和智慧的潜在力量，这些力量在愿望的推动和刺激下，会表现出不同寻常的超人力量。

如果我们能多给自己一些“敢为”，多给自己一点信心，多给自己一分毅力，就有可能将自己身上处于休眠状态的潜能激发出来，创造出连自己也感到吃惊的成就。

（三）赢在优势——知己知彼

自身优势，意思是比对方有利的形势，简单说就是个人才干。泛指处于较有利的形势或环境或在某些方面超过同类的形势。成功的关键在于“发挥优势”，而不在于用尽一生的精力“弥补劣势”。

做人做事，要善于发现自己的优势，培养自己的优势，强化自己的优势，发挥自己的优势，这是一种干事创业的重要智慧。成功者常常不在于他们能力的多样化，而在于他们找到了自己的强项，发挥了自己的强项，这就是成功者的一般规律。

每位同学要找到自己的强项，强项就是我们的比较优势，就是区别于他人的重要特点，或者说是自己的非凡之处。

1. 更好地知道自己的长处。

怎样更好地知道自己的长处呢？就是要在实践中发现，在比较中鉴别。因为不干不知道，不比不知道。

有属于“谋事型”的人，思维活跃，善于创新；有属于“干事型”的人，雷厉风行，做事干练；有属于“合作型”的人，团结互助，协调联动；有属于“应变型”的人，沉着冷静，条理清晰。你到底是属于哪一个类型呢？

2. 发挥自身优势。简单说，用己之长搏他人之短。

我们要在有意识地运用自己的优势的过程中，不断去强化它们。发挥优势是一件愉快的事情，能增强你的自信，能力和情绪也会迁移到后面的工作中。

在生活中，如果要做的事情有一定难度，可以先做一点自己擅长的事情，以增强自信心。成功也是有惯性的。成语有扬长避短之说，首先是扬长，然后是避短，不要就想着去改正自己的缺点，如果不妨碍发展的话，可先把短处搁一边，多想想怎么发挥优势。把优势用到学习、生活和工作中去。

在充分了解到自身的优势和不足的同时，也要看到他人的优点。竞争是将自己的优势和别人的劣势比，合作则是优势与优势的强强联合。

总之，我们要善于发现自己的强项，激发自己的强项，强化自己的强项，发挥自己的强项。这是成功的支点，也是我们安身立命、建功立业的基础。

“致远4班”的励志影片

《叫我第一名》《第一次》《风雨哈佛路》《病毒》《垫底辣妹》《开国大典》《建国大业》《肖申克的救赎》《海上钢琴师》《小鞋子》《三傻大闹宝莱坞》《乌龙山剿匪记》《大内密探零零发》《茜茜公主》《怦然心动》

电影《垫底辣妹》

【学生体会】

我们每个人都像一根长短相同的杠杆，能否走上成功之道，关键在于能否找到那个最合适的支点。找到了就可以撬动地球。这个支点，就是自己的特

长，就是自己的强项，就是自己的优势。（陈张鹏）

【周末家庭会议】

1. 孩子采取措施为自己的优点加分，父母提出建设性意见并提供资源和资金支持；

2. 孩子尝试做一件自认为重要但比较难办的事情，试着在一个休息日把它做好，这样，你就会发现自己的能量所在，体会战胜困难后增强的意志力，父母在孩子要求下给孩子设置“困难”，让孩子“多吃点苦”；

3. 了解国际幸福日（3 月 20 日）相关信息，全家人用 20 分钟做一次简单的“幸福冥想”，从心底感知自己的幸福，并在冥想后即刻写下寓意福气、福运、幸福的“福”字，记录下幸福时刻。

【教育反思】

在高三，考试成了生活的主旋律，班级文化建设只能根据实际情况灵活安排，作为班主任要有一个整体思路，来推动班级健康发展。从“多彩 408”到“致远 4 班”，班级管理要有不断创新的勇气，在不同时期推出适合学生特点的学生管理工作新方法，实现班级“民主、和谐管理”，努力达成“精致高效”的新常态。

要求学生要“赢在优势”，班主任首先要“赢在优势”，找准个性差异的优势所在，提高班主任的个性影响力，形成自己独特的带班方式。这些差异可以是年龄、性格、爱好、能力、创新等多个方面，班主任也要经常问问自己，我有什么优势？我怎么样运用我的优势？以使自己的潜能得到最大的释放。

公开决心：梦想启航仪式

时间：高三第一学期结束前两周

准备：邀请家长代表来校参加仪式

某位哲学家说，每个人都有梦想，只要你勇敢地抬起自己的脚，整座山都在你脚下。是的，梦想就像黑暗里的指路明灯，照亮我们前行的道路；梦想是一道永恒的光芒，是驱使我们前行的力量。在高三第一学期即将结束、新春即将到来之际对学生进行理想目标教育，是一个很好的时间节点，起到承前启后的作用。在家长的见证下，同学们宣读自己的“高考决心书”，公开自己的梦想。公开梦想，就是公开决心，就是在铸就成功！

一、新春新希望

春节作为中华民族的传统节日，包含着丰富的文化内涵。几千年来，中国春节已经形成了多种多样且内容丰富的节日礼仪，包括贴门神、贴春联、接灶神、贴福祈福、置天地桌、吃年夜饭、守岁、放爆竹、祭祖等。请一位同学说说“年”的传说。

新春代表着团圆、和谐、快乐、自信，代表着新的希望。在新的一年即将到来之际，我们班级组织“迎新春梦想启航仪式”，激励学生向着梦想的方向勇敢前行。

二、采访“朱德庸”

在展示漫画家朱德庸的一组代表性漫画后，我们开展了采访“朱德庸”活动。先将一段采访漫画家朱德庸的谈话内容进行适当的改编，再让班级“小画家”姚昳芳扮演她的偶像朱德庸，陈金宇扮演记者，演绎整个采访过程。

记者：谈谈你对梦想的看法？

朱德庸：只要有梦想，就是苍蝇翅膀也能让你飞翔！世界正面临重新洗牌，敢于出牌的人就是最有可能成功的人。而现在能够出的牌，就是你的梦想。

记者：小时候你最大的梦想是什么？

朱德庸：所有的梦想都会随着年龄作出调整和修正。念幼儿园和小学时，我的梦想并不是成绩好、功课好，或考上喜欢的学校。小时候的梦想很简单，最好就是一天24小时坐在电视机前，看我喜欢看的片子，然后面前放一张大桌子，摆满各种食物。这个梦想一直跟到我小学毕业。到了初中，学校开始教那些不属于我们的梦想，比如做人要奋发图强，出人头地。那时，我处在没有梦的阶段，大人给我的梦都不是我的梦。幸亏我还有一个画画的梦，我不爱念书，一直在画画。我就想为什么我不能一直画下去呢？整个高中我一直在画。

记者：画画的梦想你坚持了多久？有过比较世俗的梦想吗？

朱德庸：上大学后，我的梦想是拍电影。但电影的梦想两年就破灭了。我发现，电影在当时的台湾没前途，我又重返画画。当我有点名气后，我的梦想变得很俗气，我想发财，想买一个小岛，想拥有私人飞机。为了完成梦想，我把所有时间都用在工作上。我的太太在一边看得很清楚，她知道我的梦是场噩梦。她要我停下来。我被迫停了下来，但并不乐意。后来，我有了另外一个梦，那个梦不再是挣很多钱，而是一个很单纯的梦，那就是画出华人最好的漫画。这个梦跟着我已有10多年，从那时到现在，从未改变过。

记者：如今是否依然有梦？

朱德庸：现在我慢慢步入50岁了，这个梦想变得更纯粹，单纯到好像又回到了小时候，那就是只想安静地坐在书桌前，画我自己想画的东西。

生命很短暂，每个人都应朝着梦想走。

三、放大你的梦想

有一句广告词说得好，“心有多大，舞台就有多大！”生活就是我们的一个大舞台，你想成为怎样的人，取决于你对生命的规划和定位。

为中华之崛起而读书

1910 年秋天，一座新式学校——东关模范学校在沈阳落成。这一年，从江苏淮安转来一位新同学，他刚满 13 岁。

一天，魏校长在上课前问同学们："请告诉我，你们为什么要来读书呢？"同学们纷纷举起手来，要求发言。一位同学说："为了家父而读书。"老校长听后笑了笑没有回答。又一位同学说："为了光宗耀祖而读书。"老校长还是微微一笑，没有说话。他环顾四周，看到一位浓眉大眼的小同学若有所思的样子，就走过去，亲切地问："小同学，你也来说说看。"只见这位同学站起来，略加思索后，郑重地说："为中华之崛起而读书。"话音刚落，老校长高兴地大声说："好！好！说得好！"同学们也都投去钦佩的目光。

"你叫什么名字？"老校长问道。"周恩来。"小同学轻轻地回答。

正是因为有了大梦想，才成就了一代伟人周恩来。

我们的目标要尽可能远大一些，目标越远大，就越能充分发掘自己的潜能。一个团体或一个个人，如果目标远大，即使最终没有能够达到预期的目标，但还是会比常人走得更远。请坚定你自己的梦想，未来还没有来，你怎么就知道不行了呢？

高二时我们都定过目标，同学们可以回想一下，自己在高二时定下的目标有没有如期完成。如果没有，是由于什么因素造成的，怎样改进；如果超额完成，又是因为哪些有利因素起了作用，目标是否要定得再高一些。目标要明确，意志要坚定，不能三心二意。

四、听高三回望

有人说，不经历高三的人生是不完整的人生。因此，没有经历过的人带着无比的好奇向往它，经历过的人怀着无限的感慨怀念它，而正在经历着的人甚至没有空闲去思考什么是高三。听听过来人怎么说吧！

同济大学的徐优说："我觉得一个人应该有梦想，而且应该是个大梦想。也许高考的临近会使你紧张、畏惧，动摇你原本的信念与梦想，这时候你需要坚定地对自己说，梦想已经触手可及，如果过去的三年我仿佛那春蚕，是在黑暗的茧中悄悄度过的，那么今天就是我破茧而出，迎着阳光，响亮地向世界宣布我的成功的时刻！有梦想，坚持梦想的人，就不会在将来的某一天为自己的懈怠而追悔。”

新浪博主袁长征说过，高三那段日子因为拼搏过，迷茫过，挣扎过，故而记忆深刻，日复一日，简单、紧张而充实。那时候的同学关系很简单，因为我们的目标一致——考大学。虽少不了考试时的暗暗较劲，但更多的是互帮互助——或者说是同病相怜。平时相互鼓励或说些酸溜溜的话来激发斗志。球场上演疯狂篮球，高考前集体畅饮红牛……一切单纯而温暖。

现在请你闭上眼睛，去回忆自己最初的梦想，当它清晰地浮现出来时，你是否会觉得自己又找回了或许丢失已久的动力呢？一切都会好的，一切都会过去，你一定要战胜它，战胜自己！

五、分析成绩提信心

展示同学们在十月选考的四科成绩，尤其表扬郭雯莉和陈思媛两位同学，郭雯莉第一次选考的四门学科（英语和“加三”学科）已经达到 396 分，陈思媛历史考了 100 分。老师对同学们取得的成绩感到骄傲，希望大家在中学阶段的最后一个寒假和最后一个学期里再接再厉，取得更大的进步。“树成才报国理想，做四高学子榜样”，这是学校对“致远 4 班”的殷切期望。

在分析完学生成绩后，奖励了每一个优秀学生和进步学生一本写有班主任鼓励话语的笔记本。

六、展示高考决心

高考，是一次挑战，更是一种机遇。困难与希望同在！为了更好地挖掘自身的潜力，实现心中的梦想，请在父母、老师和同学面前大声喊出你的“高考决心”。

高考决心书

时光荏苒，转眼我们将迈入高三的最后一个学期，等待我们的是责任，是辛苦，是紧张。面对高中的最后三个多月，我们自信，因为我们踏实，我们勇敢，我们团结，我们努力。在高三第一学期即将结束之际，在父母和老师的关注下，我狠下决心：勇于承担，直面高考，勤奋拼搏，立志成才。

目标：高考超一批线________分

我的目标大学有：

我的目标专业有：

现状：省统考+选考成绩比模拟一批线548分_______了_______分

我相对较好的学科是：　　　　　　　目前我的弱科是：

现存在的主要问题是：

纠偏措施：

1.

2.

3.

其他措施：

1.

2.

此刻，想对自己说：

想对爸爸妈妈和老师说：

家长的鼓励：

老师的赞赏：

学生签名：　　　　　家长签名：　　　　　教师签名：

日期：

公开梦想，就是公开决心，就是在铸就成功！课后，同学间相互交流自己的梦想。所有的梦想都要经过努力才能实现，为了实现梦想，你还要进行经常性地“精神充电”，想象高考成功后，在自己心仪的大学里自由自在地学习、生活，想象自己获得成功时得到的奖赏和喜悦心情。

梦想是我们生命天空中的璀璨明星。梦想在这里启航！青春在这里闪光！

【学生感悟】

我的梦想在我心里，我现在只有以梦为马，不断向前。想要创造奇迹，首先得成为一个优秀的魔术师。（郭雯莉）

【周末家庭会议】

1. 父母给孩子一个大大的拥抱，感谢他（她）的生命存在，感谢他（她）为家庭梦想而作出的种种努力；

2. 父母讲讲自己家里的一些春节文化传统，还有自己小时候的一些春节习俗；

3. 孩子说说自己的理想大学和理想专业，大家一起想象高考成功后的庆祝场景；

4. 与家人一起看班级励志电影，学习他们为理想而奋斗的精神。

【教育反思】

学生更多的时候不是没有目标，而是目标太多、太大、太远、太难、太模糊，让他们感觉与现实的关联不大，只能采取得过且过的态度。与其抱怨学生没有目标，不如给他们一个现实的清晰的具有可操作性的目标。与学生一起制定学习目标和相应的学习计划，让学生的学习变被动为主动。

经过一个学期的努力，学生对高三已经不再陌生，学生会习惯于以往的学习和生活，而举行梦想启航仪式，促使学生反思自己的目标与状态，回顾自己的初心与梦想，突破自己的潜能极限，对自己提出更高的要求。

上天入地："梦想加油"活动

时间：高考前 20 天

临近高考，学生逐步进入到高考倒计时的状态，为了强化冲刺高考的信念，为高考减压，我们开展了"梦想加油"系列活动。在高考前20天，我们高三年级的同学在学校心理健康教育中心的指导下，开展了年级团队"梦想加油"活动，发扬团队合作和积极进取精神，放飞梦想气球，形成强劲团体心理动力；在高考前19天，我们又进行了班级团队"梦想加油"活动，探索自己的未来，种植"人生梦想瓶"，做更优秀的自己。

第一部分 "励志达远 拥抱梦想"年级团队梦想加油

在离高考还剩20天的日子，嘉兴市第四高级中学（嘉兴四高）的心理健康教育中心承办了嘉兴市青少年心理现场辅导暨嘉兴四高团队"梦想加油"活动，嘉兴市心理健康教育教研员孔老师主持了这次活动。班主任作为陪伴者与观察员，可以观察学生的情绪状态和反应，指导学生更好地开展活动。

一、活动准备

（一）准备气球

组织活动志愿者，帮年级团队"梦想加油"活动的组织者吹活动最后环节用的气球；

（二）活动场地

以班级为单位划分出 14 个活动区域；

（三）活动道具

A4 彩色纸每人一张（背面粘贴双面胶），笔自带；各班班旗，水笔若干；氦气球每人一个；音响设备、无线话筒 2 个。

二、活动过程

活动一：　暖身游戏“心手相牵”

目的：身心放松，激发兴趣，营造轻松愉快、温暖的团体氛围。

班级同学手牵手成圆圈状站好，然后做“抓手指”游戏。放下手，转身顺时针走动，听主持人口令“走起来呀走起来、跑一跑呀跑一跑、捏捏肩呀捏捏肩、敲敲背呀敲敲背”……做好后站定，班主任帮助学生站位，确保活动的顺利进行。在《超级英雄》的音乐声中，十四个班级围成十四个“同心圆”，大家一起奔跑，一起呐喊，现场热情涌动、力量升腾，蔚为壮观。

活动二：　“信任坐”

目的：考验同伴之间的信任与合作，每位同学都要付出努力，大家齐心协力，才能造就团队的成功。

以班级为单位，大家前后站立围成一圈，脚尖碰脚跟，慢慢坐下去……班主任做好提醒和指点工作，并适当保护好学生的安全，协调活动中发生的突发情况，如人员调动等。

活动三：　“请在我背后加油”

目的：回忆彼此一起奋斗的美好时光，互相肯定及鼓励，引导学生在班集体中体会温暖和支持，激发自我效能感和自信心，强化冲刺高考的信念。

活动开始后，每人背后先贴上一张

纸，然后听指导语，冥想回顾高中生活中印象深刻事件或感触时光，然后在班内同学身后的纸上写下肯定他（她）的优势与能力，鼓励及祝福的话语。也可以画画，例如针对他（她）的需要为他（她）画上一朵花、一个笑脸或一个太阳……班主任协调组织好班内的活动，如果有同学背后的内容较少，也请班主任主动帮他（她）写点内容或引导他人为他（她）留言，注重氛围的真诚友好。每班派出一个同学分享活动感受，班主任帮助关注推荐人选。

在这个环节，每位学生在彩纸上写下对同伴的美好祝愿："希望你的文学之路越走越顺利！""愿你能实现自己的梦想，到自己理想的城市、理想的大学学习、生活！""最羡慕的是你总是笑着，不管发生什么，流着泪也会笑，希望你永远这样快乐！"

活动四："放飞梦想"

目的：明确目标，强化自身的责任与信念，凝聚班级合力，形成强劲团体心理动力，在实际行动中朝着这一目标努力奋进。

以班级为单位，全班同学在班旗上写下自己的高考目标、给自己的激励语，并写下班级奋进的口号。然后依序摇动班旗，齐声呐喊班级口号。最后全体同学一起放飞象征着梦想的气球。七彩的气球承载着学子多彩的梦想，越飞越高，在蓝天的映衬下，成为一道靓丽的风景。

第二部分 "我的未来我做主"班级个人梦想加油

在学校团队"梦想加油"活动的基础上，第二天，我们趁热打铁，又进行了"我的未来我做主"的探索自己未来的活动，每人想象多年后的自己，并把"未来的自己"存放进"致远4班"的"人生梦想瓶"。

一、主题探究，写出十二年后的自己

活动一：看未来

同学们，你们设想过自己的未来吗？你们想成为怎样的一个人？从事什么工作？取得怎样的成绩？接下来，同学们和我一起做一个有趣的（冥想）游戏——看未来。冥想是将外在意识长时间固定在一个意念对象上，不间断地

默念自己沉思的对象，超越任何有关自我的回忆，达到一个更高的境界。冥想是一种积极的自我暗示，可以帮助我们抓住事物的细节，让我们破除万难，放松心情、减少压力，提升专注力和创造力，提升幸福感和生活质量。

同学们跟着老师的冥想引导语，穿越时空，想象自己的未来。（悠扬的背景音乐）

冥想引导语

现在，请你闭上眼睛，选择一个最舒服的姿势坐好，把你的双脚平放在地面上，双手自然地放在大腿上，保持舒适的姿势……好，请闭上眼睛，下面我们来进行深呼吸。深深地吸气，慢慢地呼气，再来一遍，深深地吸气，慢慢地呼气，再来一遍，深深地吸气，慢慢地呼气……

现在，你的心沉静下来，整个人也放松下来了。时间飞逝，春天来了，一片鸟语花香的美丽景色，你静静地躺在床上，心情舒适而愉快地享受春天带给你的欢乐与愉悦，你觉得舒服极了。

下面，我们将乘着时光机开启未来的心灵之旅，当你遇见未来的自己时，请你好好地享受那种感觉，同时在心里默默地描绘出来。你走进时光机器，机器开始启动，时间慢慢地流逝，你来到了三年后的世界。三年后，你在哪里？在做什么？身旁有人吗？那是谁？这个人对你的重要性是什么？那时的生活是怎样的？

时光机器继续运行，时间在慢慢地流逝，你来到了六年后的世界。六年后，你在哪里？从事什么职业？身旁有人吗？那是谁？这个人对你的重要性是什么？那时的生活是什么样的？

时光机器继续运行，时间在慢慢地流逝，你来到了十二年后的世界。十二年后，你在哪里？从事什么职业？你的职位是什么？你的状态怎样？那时的生活是什么样的？

再往前走，时间不断地流逝。二十年了，我们看到二十年之后的自己。二十年后，你的身体是否健康？工作是否取得成绩？少年时的梦想是否实现？

好，接下来我们要搭着时光机回到现在了！数到三，请将你的眼睛睁开，一、二、三，睁开眼睛，回到现实。

请同学们将刚才想象中的答案写在下面的表格中。

写给未来的自己

3 年后的自己：

6 年后的自己：

12 年后的自己：

20 年后的自己：

在填好“写给未来的自己”的表格后，同学们自己把表格投入到班级“人生梦想瓶”中。

活动二： **未来名片**

根据自己对未来的感觉和对未来的期望，为自己设计一张名片。名片上需要呈现姓名、工作单位、职位职务、联系电话、工作地点等信息。每位同学可以展开想象，根据自己的喜好来设计自己的名片。

结语：有梦想的人，青春就不迷茫，人生就有奋斗方向，就有奋斗的动力。

二、制作“人生梦想瓶”，种植人生梦想

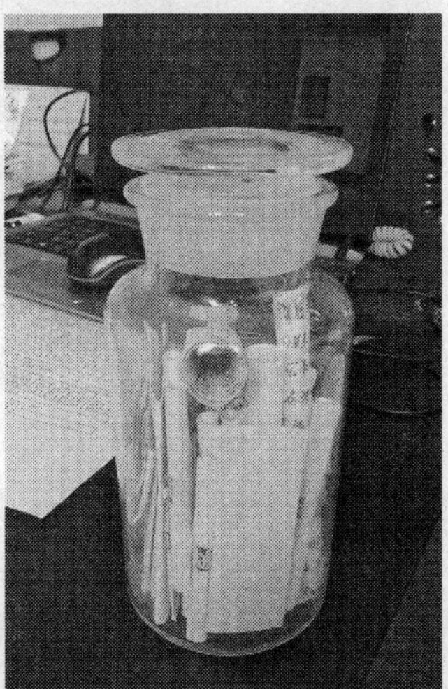

在收集齐学生的“写给未来的自己”表格后，我们动手制作“人生梦想瓶”。动员班级化学选考的同学组成研究小组，研究如何有效封存“人生梦想瓶”，有效期要达到十二年。十二年是一个轮回，同学们也将步入而立之年，十二年后我们将一起开启“人生梦想瓶”，将现实生活与当初的人生梦想进行比照，看看当初的梦想是否已经实现。并将最美好的青春十二年作为人生的一个新的起点，规划接下来的未来人生，使自己有一个更美好的未来。

通过查找资料，相互讨论，尝试制作等，

最后确定了行之有效的封存“人生梦想瓶”方案:(1)从网上买来固体腊和化学细口瓶;(2)装入学生的“写给未来的自己”(班主任也写了一份放入其中);(3)溶化固体腊，将细口瓶瓶盖(与瓶身接触处)浸没在溶化的腊里，然后快速地将瓶盖盖紧，使得接触处不留气泡;(4)将瓶子轻轻放入一个大些的陶瓷容器里，并放入塑料袋中;(5)借来农用工具，在大松树旁种植“人生梦想”。

团队“梦想加油”·分享活动体验人员

戴王磊　张佳辉

种植“人生梦想”人员

曾敏烨　顾宇衡　李时荣　陈威

【周末家庭会议】

1. 孩子分享团队“梦想加油”活动中获得的感悟;
2. 在孩子乐意的情况下，孩子与父母分享“人生梦想”。

【教育反思】

团体心理辅导是在团体的情境下进行的一种心理辅导形式，它是通过团体内人际交互作用，促使个体在交往中观察、学习、体验，认识自我、探索自我、调整改善与他人的关系，学习新的态度与行为方式，以促进良好的适应与发展的助人过程。团体心理辅导主要包括“成长性”的心理团体和“治疗性”的心理团体。“成长性”的心理团体注重成员的身心发展，协助成员自我认知、自我探索，进而自我接纳、自我肯定;注重成员生活知识和能力的充实以及正向行为的建立。我们的“梦想加油”活动属于“成长性”的心理团体类型。

通过梦想“上天”和梦想“入地”，给近期的高考和将来的人生助力。团队合作，放飞梦想气球，让高考梦想“上天”，为高考减压，让学生调整心态，振奋斗志，合作进取。种植“人生梦想瓶”让梦想“入地”，想象十二年后自己的样子，树立奋斗方向，增加期许动力，做更优秀的自己。

从高二接班时开展的“人生进取瓶”学生演讲活动，到高三快结束时的种植“人生梦想瓶”活动，是一个前后呼应的活动计划，让学生在诗意的校园文化环境中成长。

红色文化引领——把握方向

红色文化是一种重要资源，每一处革命遗迹、每一件珍贵文物、每一堂传统课都是鲜活的教材，都折射着革命先辈崇高理想、坚定信念、爱国情操的光芒。

集中体现中国共产党建党精神、昭示着中国共产党人初心的“红船精神”，在嘉兴南湖凝聚、升华。如何让“红船精神”在广大师生中传承、发扬光大，用“红船精神”激励学生成长，成了新时代学校教育的重大命题。这里有“红船精神”的专题教育，并将“红船精神”之首创精神、奋斗精神、奉献精神分别通过“创新周”“奋斗节”“爱心义卖”的形式加以实践诠释。更有革命英雄事迹穿插于学生教育全过程，有助于学生形成正确的世界观、人生观、价值观，使他们不迷失方向，误入歧途。

立志："红船精神"教育

"人是要有点精神的。"一个人如果没有一种昂扬向上的精神，没有使命般的激情，不思进取，生命就失去了存在的价值和意义。红船作为嘉兴特有的文化财富，是教育引领学生成长的宝贵资源。我们通过"'红船精神'进校园、进教室"的实践，培养学生的"敢为"精神，养成自信坚毅、乐于奉献的品性，培养良好的习惯，这些都将决定学生未来的人生高度。这里进行的主题班会是"红船精神"的专题教育课。

一、中国共产党诞生

90多年前，一个伟大的政党——中国共产党诞生在南湖的红船上。今天，当中国共产党已经由一个革命政党发展为世界上最大的执政党，中华民族的历史使命已经由实现民族解放变为迈向伟大民族复兴，中国特色社会主义也进入了新时代。

二、中共一大会议

1921年7月23日，中共一大会议在博文女校开幕。第6次会议是在上海法租界望志路106号（今兴业路76号）李汉俊哥哥李书城的家中举行的。共产国际代表马林出席了这次会议。会议由于受到法租界巡捕的侵扰而被迫中断。

随后，他们商量决定去嘉兴南湖续会。

中共一大嘉兴南湖会议虽然只有一天，但是完成了最重要的建党议程。会议讨论通过了《中国共产党纲领》《中国共产党决议案》，并且选举产生了中央领导机构，完成了一个无产阶级政党建党所必须完成的工作，正式宣告了中国共产党的诞生。虽然，党诞生时组织很小，只有 58 个成员，但性质很明确，起点很高，很快融入了世界无产阶级革命潮流。

三、中共一大为什么会选择嘉兴南湖续会

中共一大选择嘉兴南湖续会事属偶然，但在这一偶然事件的背后却也蕴含着嘉兴南湖成为中国共产党诞生地的某些历史必然性。

首先，浙籍先进分子成为上海发起组的骨干成员，是嘉兴南湖成为党的诞生地的直接原因。会议召开前夕，在上海的十六名党员中有俞秀松、施存统、邵力子、沈玄庐、陈望道、沈雁冰等七名浙籍人士。选择嘉兴南湖来续会，离不开王会悟（李达夫人）、沈雁冰、邵力子和褚辅成等几位嘉兴人的大力促成。

其次，符合安全有保证和交通便捷两个条件，是嘉兴南湖成为党的诞生地的客观条件。会议在 7 月 30 日晚受到法租界巡捕侵扰后，决定到外地续会，并决定以一整天的时间来结束这个会议。那么到哪里续会比较合适？嘉兴便成了最合适的地方。

四、南湖红船

这条普通的、以前太湖流域常见的小船，变身为“南湖红船”，是因为中共一大会议是在这条小船上闭幕的，庄严宣告了中国共产党的诞生。

“革命声传画舫中，诞生共党庆工农。重来正值清明节，烟雨迷蒙访归踪。”这是1964年4月5日，曾参加中国共产党第一次全国代表大会的代表董必武同志，重访嘉兴南湖后题下的诗句。

五、“红船精神”

“南湖红船”逐渐成为党诞生的重要标示，这是历史沉淀的结果。从符号美学角度来讲，“红船精神”的表述给人以扬帆起航、劈波斩浪以济沧海的革命浪漫主义感受，富有动感和蓬勃的生命力，红船的“红”又突出了中国共产党的革命性。

“红船精神”与“井冈山精神”“长征精神”“延安精神”“西柏坡精神”等一样，伴随中国革命的光辉历程，共同构成我们党在前进道路上战胜各种困难和风险、不断夺取新胜利的强大精神力量和宝贵精神财富。

六、“红船精神”进校园

弘扬“红船精神”，首先要原原本本、原汁原味学好党的十九大报告，领会习主席在瞻仰中共一大会址时的南湖讲话精神，努力把“红船精神”转化成学习和工作要求，转化成投身中国特色社会主义建设的巨大动力。

嘉兴市委宣传部长祝亚伟在嘉兴四高举行的“‘红船精神’进校园”工作推进会上作出重要指示：“红船精神”具有重要的育人价值，开展“红船精神”进校园，正是新时期立德树人的有效途径：

（一）用首创精神培养学生开拓进取、勇于创新的宝贵品质

认真学习“开天辟地、敢为人先”的首创精神，认真学习中国共产党诞生、发展、壮大过程中开拓创新的丰富案例，认真学习中国共产党人

开拓创新的先进事迹，不断增强开拓意识和创新能力；

（二）用奋斗精神培养担当民族复兴使命的远大志向

向先辈学习，树立远大理想，将个人理想融入民族和国家梦想；

（三）用奉献精神培养热爱国家、服务人民的人生追求

不断学习党“立党为公、执政为民”的丰富历史和生动案例，学习理解“奉献精神”的深刻内涵和践行路径，热爱党、热爱祖国、热爱人民，增强时代使命感、社会责任感，着力养成乐于奉献、勇于担当的良好品格，从而为民族复兴和人民幸福奉献青春力量。

作为嘉兴市“‘红船精神’进校园”示范学校，我们要坚定理想信念，结合新时代特点，大力弘扬“红船精神”之“首创”“奋斗”“奉献”精神，激励自己勤奋学习、刻苦钻研、掌握本领，为实现中华民族伟大复兴的中国梦贡献力量。

接下来，我们将“红船精神”之首创精神、奋斗精神、奉献精神分别通过“创新周”“奋斗节”“爱心义卖”的形式加以实践诠释。将革命英雄事迹穿插于学生教育全过程，有助于学生形成正确的世界观、人生观、价值观，使他们不迷失方向，误入歧途。

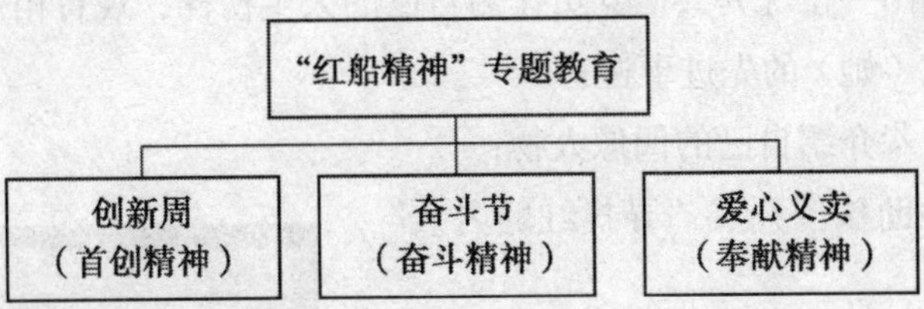

任务布置：

1. 出好一期黑板报；
2. 探访身边的“红船人”；
3. 撰写学习心得体会。

“寻找红船名人”活动方案

学习小组进行分工，按不同历史时期，每个学习小组承担一项调研任务，寻找红船名人。

1. 依据历史教材，整理一份建党时期、井冈山时期、延安时期、社会主义革命和建设时期、改革开放新时期出现的红船人名单，并选取其中一人，了解他一生中工作、学习和生活的精彩片段，收集他不同时期的事迹，进行科学查证。

2. 从自己的周围选取一个现实中的红船名人，通过访谈、查阅资料等方式了解他的事迹，在访谈中挖掘故事的细节、深入了解人物的内心世界。

3. 把收集到的红船名人故事，按照首创精神、奋斗精神和奉献精神三方面进行分类整理。

4. 各学习小组上台进行交流，交流时突出将其列为红船名人的原因。

5. 交流结束后，把收集到的红船名人事迹按不同历史时期编成小报，掀起学红船名人、做红船学子的高潮。

【“红船精神”学生学习体会】

在烟雨朦胧中也能望见碧波荡漾着的红船。小小的船在湖中心随波摇动，水浪击打着船身，摇摇晃晃的船儿起起落落，见证了那开天辟地的伟大一刻。那一刻的船儿，它不再是渺小的，就像梦想之舟载着革命先辈们乘风破浪。红色的船经过了岁月的洗礼、时代的沧桑，但它依旧鲜艳明亮，耀眼的中国红直入人心尖。（高婷）

【周末家庭会议】

1. 孩子选出一位优秀共产党员作为自己的人生榜样，观看相关视频或书籍资料，学习他（她）的先进事迹；

2. 父母长辈介绍自己的偶像人物；

3. 父母协助孩子开展“寻找红船名人”活动。

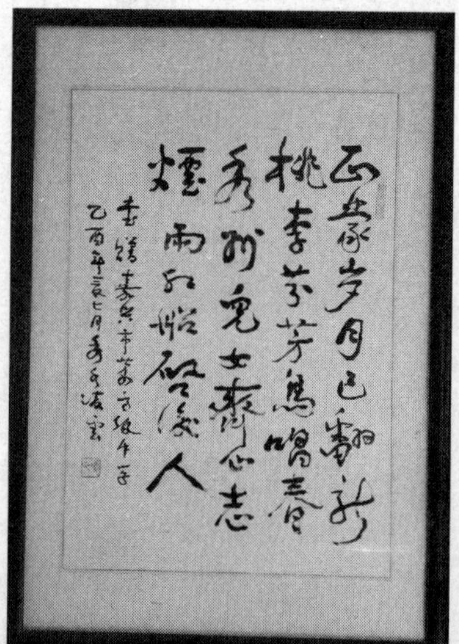

【教育反思】

很多班主任有一种感觉：班级管理的行政色彩越来越浓厚。有的班主任会认为：学校经常会布置一大堆要按期完成的行政指标任务。于是班主任的自我感觉“麻木”，工作程式化，没有创造性，做班级管理工作只是为了应付上级领导的检查。其实，班主任应该在理解学校行政管理的教育意图的基础上，挖掘“行政指标”里蕴含的教育元素，从学生的实际需要出发，重视学生的体验感悟，设计有针对性的教育载体，把行政管理色彩变回教育教学色彩。

我们的教育正遭遇多元文化、多元价值观的挑战，尤其是互联网时代的到来，各种良莠不齐的信息向青少年涌来。信仰是一面永不褪色的精神旗帜。作为一件思想武器、一种精神支撑、一种道德力量，“红船精神”有助于学生形成正确的世界观、人生观、价值观。

奉献：爱心义卖活动

每个人都应该为社会承担一份责任，为社会奉献一份爱心，这不仅是一种美德，更是一种高贵的气质。我们进行爱心义卖活动，学习生存技能，培养学生的爱心和社会责任感。义卖活动是我校的一项传统的品牌活动，我们把整个活动进行了精心策划，将义卖活动分为前期教育、义卖活动、拓展教育三个阶段。义卖活动的前期，我们用58位早期党员的奉献精神来教育学生，引导学生在义卖活动中奉献力量；在义卖活动结束后，班长进行了及时的总结，并在班会课上反馈，不仅如此，我们又引入“我要做老板”这一环节，让学生了解创业者应具备的素质。

第一部分　活动前期教育

在活动前，我们进行深入的宣传，讲清活动的目标意义，尤其通过共同学习“红船精神”之奉献精神，激发每位同学的参与热情。

学习“红船精神”之奉献精神

立党为公、忠诚为民的奉献精神是“红船精神”的本质。

从58位早期党员来看，这些人大多出身于殷实人家，有的甚至出身于名门望族。他们投身革命，同以往“官逼民反”的农民运动不同，并非是为了改变个人的境遇，而是出于改变整个国家的命运的目的，决心为民族独立和人民解放贡献自己的一份力量。毛泽东不仅自己为民族独立和人民解放贡献了毕生的精力，而且他的多位亲属先后为中国人民的解放事业献出了宝贵生命；农民运动领袖彭湃，出身于有名的大地主家庭，弃“鸦飞不过的田产”而投身革命；共产党员邓中夏“为了勤劳大众的利益而死”“虽死犹生”；周恩来出身于官僚家庭，却毫无保留地把全部精力奉献给了党和人民，“活着为人民服务，死后也要为人民服务”是他一生的真实写照……

回顾中国共产党的光辉历史，无数共产党人用实际行动践行了立党为公、忠诚为民的奉献精神。共产党人的这种奉献精神是一笔宝贵精神财富，值得我们学习。在接下来学校举行的爱心义卖活动中，倡导班级成员积极表现，服务他人，奉献爱心，充分体现“致远 4 班”的奉献精神，为全校其他班级作出表率。

第二部分　爱心义卖活动

一、校园活动现场

活动当天，嘉兴四高的操场上一改往日的情景，吆喝声、欢笑声此起彼伏，义卖现场除了有琳琅满目的各色待售物品，包括图书、玩具、邮票、纪念币、钟表、手工艺品……更让人眼前一亮的是学生们变身“老板”之后的活泼和热情，除了每个班级各设一个摊位之外，学生的自主创业小摊也都摆得像模像样，这不仅培养学生的创业、创新意识，也是学校职业生涯教育的一次生动实践。

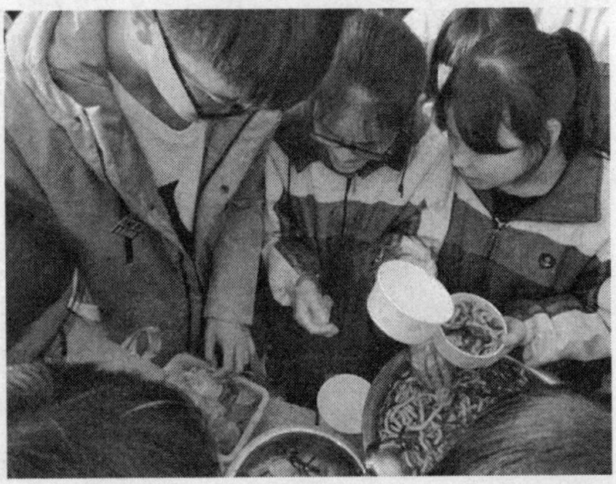

二、爱心捐款活动

爱心募捐活动，是学校爱心义卖活动的一个重要项目。在司令台设立捐款箱，学生以班级为单位，由各班班长代表本班进行捐款。个人捐款在班内进行，同学们踊跃捐款奉献爱心，最后我们班的捐款额达 1478 元。

三、义卖活动小结

在班干部带领下，我们班同学积极行动起来，提前进行活动方案设计，精心安排各个活动环节，活动取得了满意的效果。下面是班长作的爱心义卖活动小结：

爱心义卖活动小结

这次义卖，我们班生意不错，思考了一下，感觉主要有以下几个原因：

（一）地段好

司令台边就是我们的摊位，这是整个篮球场的焦点位置，学生从教学楼出来，首先看到的是我们班的摊位。

（二）前期准备充分

我们前期宣传工作做得不错，做了三份大的海报，并到各个班级进行了宣传。

（三）接受前期预定

在去班级宣传时已经有了一定的预定量，使我们对产品的销路有一个大概的了解，预定多的产品就多做了一些。

（四）我们班主打食物抓住了大家的胃

共分成了三个小组，每个小组都有自己的“拳头”产品：

1. 鸡排奶茶组。鸡排和奶茶本就是大家所喜欢的食物，并且顾宇衡提前与奶林博士商定合作事宜，鸡排和奶茶的储量也很大。

2. 寿司组。寿司组组员分工明确，经过一个下午的奋斗，成功完成了六十盒寿司的制作。由于寿司种类较多，卖相也不差，摆摊没过多久就被抢购一空。

3. 凉拌菜组。凉拌菜组的生意特别好，很多顾客排队就用了半个小时。究其原因，首先是菜色比较新颖，在场的摊位中没有相同货品，属于独家产品；其次，凉拌菜量多，价格还实惠，味道酸甜可口，符合大部分人的口味。

由于我们班分成了三个组，食物的风味也各有不同，很多人在一个组买完东西后，便去另一个组继续买，几个组的生意都相互促进。（曾敏烨）

在义卖活动结束后，我们还进行了全班评比，哪些同学最具有创业的潜质，具有做老板的气质？在让学生思考“什么是优秀创业者”的过程中，提高自己的创新创业能力。

四、爱心行动计划

我们作为红船诞生地的学子，更要发扬奉献精神：第一，树立远大理想；第二，掌握奉献本领；第三，投身社会实践；第四，从身边小事做起，从现在做起。

为强化自己的责任感与爱心，我将从以下四个方面采取具体行动。（请同学们填写好内容，并坚持做下去）

1. 乐于助人：
2. 戒除骄傲：
3. 强化分享：
4. 多帮助弱者：

第三部分 “我要做老板”

在爱心义卖活动后，我们借鉴张锦老师的做法，在班内进行“我要做老板”的延伸教育，提升创新创业意识。

一、创业者应具备的素质

创业者要具备怎样的素质才能提高创业成功的概率？答案是不确定的。在各种创业成功的现实案例中，从创业者个人素质到创业环境与命运机缘，非共性要多于共性。但作为创业者，还是有一些共性的素质的，简单来说，就是要具备智商够、情商高、逆商强这三大素质。

二、创业者素质自我测评

研究表明：创业者趋向于独立担当解决问题、设定目标和依靠自己的努力实现目标；崇尚独立和特别不喜欢被别人控制；虽然他们不怕承担风险，但决不盲目地冒险，他们更愿意冒那些能够控制结局的风险。

请利用以下问卷，对自己的创业者素质进行评估，测试的结果作为参考。即使自己的评分不高也不要气馁，因为我们是在不断成长着的人。

要想知道自己是否具备创业者的基本素质，请完成以下《创业者素质测评题》：

1. 你是否曾经为了某个理想而设下两年以上的长期计划，并且按计划进行直到完成？□是 □否

2. 在学校和家庭生活中，你是否能在没有父母及师长的督促下就可以自觉地完成分派的工作？□是 □否

3. 你是否喜欢独自完成自己的工作，并且做得很好？□是 □否

4. 当你与朋友在一起时，你的朋友是否经常寻求你的指导和建议？你是否曾被推举为领导者？□是 □否

5. 求学时期，你有没有赚钱的经验？□是 □否

6. 你是否能够专注地投入个人兴趣连续10个小时以上？□是 □否

7. 你是否有习惯保存重要资料，并且井井有条地整理，以备需要时可以随时提取查阅？□是 □否

8. 在平时生活中你是否热衷于社会服务工作？你关心别人的需要吗？□是 □否

9. 你是否喜欢音乐、艺术、体育以及各种活动课程？□是 □否

10. 在求学期间你是否曾经带动同学完成一项由你领导的大型活动，比如运动会、歌唱比赛等？□是 □否

11. 你喜欢在竞争中生存吗？□是 □否

12. 当你为别人工作时，发现其管理方式不当，你是否会想出适当的管理方式并建议改进？□是 □否

13. 当你需要别人帮助时，是否能充满自信地要求，并且能说服别人来帮助你？□是 □否

14. 你喜欢储蓄吗？□是 □否

15. 当你要完成一项重要工作时，是否总是给自己足够的时间仔细完成，而绝不会让时间虚度，在匆忙中草率完成？□是　□否

16. 参加重要聚会时，你是否准时赴约？□是　□否

17. 你是否有能力安排恰当的环境，使你在工作时能不受干扰，有效地专心工作？□是　□否

18. 你交往的朋友中，是否有许多有成就、有智慧、有眼光、有远见、老成稳重型的人物？□是　□否

19. 你在工作或学习团体中，是否被认为是受欢迎的人物？□是　□否

20. 你自认是一个理财高手吗？□是　□否

21. 你是否可以为赚钱而牺牲个人娱乐？□是　□否

22. 你是否总是独自挑起责任的担子，彻底理解工作目标并认真完成工作？□是　□否

23. 在工作时，你是否有足够耐心与耐力？□是　□否

24. 你是否能在很短时间内结交许多朋友？□是　□否

测评标准：

“是”记1分，“否”不记分。统计分数，参照答案。

0～5分：目前不适合自己创业，应当训练自己为别人工作，并学习技术和专业。

6～10分：需要在旁人指导下创业，才有创业成功的机会。

11～15分：非常适合自己创业，但是在答案为“否”的问题中，必须分析出自己的问题加以纠正。

16～20分：个性中的特质足以使你从小事业慢慢开始，并从妥善处理中获得经验，成为成功的创业者。

21～24分：有无限的潜能，只要懂得掌握时机和运气，将是未来的商业巨子。

“多彩408”之“爱心大使”

唐怡清　王陆斌

（分别捐款200元）

“优秀创业者”

张雨萱　顾宇衡　李时荣　周静雯　陈张鹏

【爱心义卖学生感言】

每个人脸上的笑容和心中满满的感动不正是最好的回报吗？有的同学获得了精神的食粮；有的同学满足了“吃货”的味蕾；还有的同学为自己家增添了一些物件，如“高大上”的装饰品，经济实惠的日用品等。这就像化学中的“可逆反应”一样，奉献了爱心，满足自身需求，快乐了自己又有益于别人。（张路路）

【周末家庭会议】

1. 父母介绍身边的爱心事例；

2. 孩子介绍自己的爱心行动计划；

3. 一起观看贫困地区学生学习状况的纪录片，父母结合过去，说说现在的幸福生活，让孩子了解这个世界上还有很多在忍受饥饿与寒冷的人，意识到自己正身处于幸福之中，培养一种积极向上的心态。

【教育反思】

如何让学校组织的大型主题活动更有意义？我认为，在每次大型活动前做一些准备工作，进行前期教育很有必要，通过 10 ～ 20 分钟的微型班会，明确活动目标和意义，让学生有积极投入其中的愿望；活动过后，还要进行后期的拓展教育，把活动引向深层次，以巩固教育成果。我们称这样一种更广阔深入的教育形式为“学校主题教育活动班级‘三步走’策略”。

班主任在设计主题班会的时候也是如此。要牢牢记住一个大写的字母“T”，其中的“—”代表主题班会的活动数量和参与面的大小，“|”则代表活动的深入和开展。好的主题班会不是只关注上面的“—”，即活动的罗列和内容的平面展开，而更应关注“|”，按照一个既定的设计思路，围绕某一主题的逐步深入，达到预期的育人效果。

学生参与志愿者活动不仅可以为社会做很多有益的工作，同时也可以从志愿活动中得到锻炼，取得一些工作经验，培养自己的人际沟通能力和领导能力，更重要的是培养“取之于社会，回报于社会”的责任感。

奋斗：奋斗节活动

时间：离期末考试还有一个月

塞内卡说："生命如同寓言，其价值不在长短，而在内容。"若想拥有满溢的生命，就得从生命的点滴开始，充实生命的内容，走自己想走的路，让生命焕发光彩。离期末大考还有一个月，我们进行了"奋斗节"活动。

准备：将奋斗节标语写在后面的黑板上，营造氛围。奋斗节标语十六个大字：不苦不累，等于无味；不拼不搏，等于白活！

一、奋斗精神故事的分享

首先和大家分享一个小故事：

石头的遭遇

同是一块石头，一半做成了佛，一半做成了台阶。台阶不服气地问佛："我们本是一块石头，凭什么人们都踩着我，而去朝拜你呢？"佛说："因为你只挨了一刀，而我却经历了千刀万剐，千锤万凿。"台阶沉默了。人生亦是如此。

经得起打磨，耐得住寂寞，扛得起责任，肩负起使命，人生才会有价值！看见别人辉煌的时候，请你不要嫉妒，因为别人的付出比你多！奋斗的人生才会是幸福的人生。

二、不同时期奋斗精神的表现

主持人有感情地朗读：

《奋斗精神是“红船精神”的支柱》

坚定理想、百折不挠的奋斗精神是“红船精神”的支柱。正是凭着坚定理想、百折不挠的奋斗精神，我们才赶走了侵略者，成立了新中国；正是凭着坚定理想、百折不挠的奋斗精神，才涌现出陈潭秋、何叔衡、王尽美、夏明翰、方志敏、邓中夏、恽代英、向警予等一大批革命先烈；正是凭着坚定理想、百折不挠的奋斗精神，才有和平时期王杰舍身救群众、欧阳海舍身救列车、苏宁舍身救战友等无数英雄事迹；正是凭着坚定理想、百折不挠的奋斗精神，中国共产党才能拨乱反正，开创改革开放的新局面；正是凭着坚定理想、百折不挠的奋斗精神，中国才能沿着中国特色社会主义现代化道路，实施“四个全面”的攻坚战，为实现中华民族伟大复兴的中国梦而奋斗。

主持人：不同时期的奋斗精神应该有不同的表现，那么在战争年代、新中国成立初期和全面建设社会主义时期，奋斗精神分别有怎样的表现呢？

在学生回答后，主持人总结：

战争年代，由于环境残酷，战斗频繁，奋斗精神主要表现为一不怕苦，二不怕死，冲锋陷阵，勇敢杀敌；新中国成立初期，由于百业待兴，整个国家处于迅速恢复国民经济阶段，奋斗精神主要表现为艰苦朴素，勤俭节约，吃苦在前，享受在后；在全面建设社会主义时期，奋斗精神主要表现为脚踏实地，埋头苦干，不计名利，任劳任怨。

三、不同时期人物的奋斗精神

（一）古代名人的奋斗

展示孔子勤奋好学的故事：

孔子（前551—前479）名丘，字仲尼。他成名之后，人们尊他为“万世师表”。他是春秋末期鲁国人。他三岁时，父亲就去世了。母亲带着他生活，日子很艰难，经常受到族人的歧视。他的性格内向，渴望知识，经常手不释卷。那时的书，主要是以竹子为材料制造的，把竹子破成一根根竹签，称为“竹简”，用火烘干后在上面写字，要想保留一部别人的著作，必须一个字一个字地用刀往竹片上刻。这些小竹片每根都是一尺多长，一寸来宽，二分来厚，刻好的竹片按着顺序用皮绳串起来保存好，那就是当时的书。孔子很喜欢《易经》这部书，经常翻阅。由于翻阅的次数太多了，十分结实的牛皮绳都磨断了，竹片横七竖八散落了一地。天气很冷，屋子里又没生火，手冻得直颤抖，微暗的油灯被门缝里透过来的风吹得忽明忽暗，很难把牛皮绳穿进"竹简"的圆孔。像这样穿上再断，断了再穿，反复几次，人们称之为"韦编三绝"。

除了历史上留下的无数奋斗故事，古代先哲们也写下了大量名言佳句，下面请同学们说说。如：荀子的"锲而不舍，金石可镂"和屈原的"路曼曼其修远兮，吾将上下而求索"，都说明了古人对于奋斗精神的理解。

（二）班级偶像周恩来的奋斗

主持人向大家介绍南昌起义中的周恩来，尤其注意展示一些细节性的东西，让学生回顾当年的革命硝烟，体会共产党人的奋斗精神。

周恩来与同志们一起确定下这个战斗方案后，接着就到国民党二十军军部拜访贺龙，向他表明整个行动计划。这是一次冒险行动。贺将军，这位富有同情心的爱国人士，立即响应了周恩来的号召。他同意按照周恩来说的干，周恩来当即任命他为起义总指挥。

一切准备就绪，贺龙却打电话告诉周恩来，一位下级军官已向武汉的国民党司令部泄露了起义计划，敌人正在派遣部队，准备镇压这个地区的共产党。周恩来当机立断，下令起义时间提前几小时。

……

然而，天还未黑，他们又一次被迫行动。据悉，张发奎将军正向共产党逼来。听到这个消息，所有的人都大吃一惊。于是，8月1日凌晨，周恩来发出了决定命运的起义信号。

在松坡路一座教堂附近，一所满目弹痕的学校礼堂里，周恩来正指挥作战。身旁是他的战友，他们都是留学欧洲的学生：陈毅、刘伯承、聂荣臻，还有军事英雄朱德、贺龙、叶挺。有幅著名的油画，描述的是他们正聚集在司令部门口的画面。画上的周恩来站在其他领导人之中，显然，他是在向他们下达最后的命令。毫无疑问，五十年代的官方画家们认为周是南昌起义的负责人。

……

从某种意义上说，共产党在南昌变得成熟了，因此8月1日被中共确定为红军诞辰日，并受到纪念。作为军队的缔造者，周恩来受到了人们的拥护。也因他领导共产党终于摆脱了在国民党内的寄人篱下的生活走向独立而受到赞扬。

——摘选自《周恩来传》(【英国】迪克·威尔逊著，中央文献出版社)

(三)现代名人的奋斗

观看视频《斯蒂芬·霍金的故事》，认识挫折的普遍性和两重性。

斯蒂芬·霍金，著名数学家、理论物理学家，英国剑桥大学应用数学和理论物理系终身教授，被称为20世纪最伟大的科学家之一。

因患肌肉萎缩性侧索硬化症（卢伽雷氏症），他被禁锢在轮椅上40多年。他看书时必须依赖于一种翻书页的机器，读文献时必须让人将每一页纸平摊在一张大办公桌上，然后他驱动轮椅如蚕吃桑叶般地逐页阅读。后来霍金丧失语言能力，表达思想的唯一工具是一台电子声音合成器。他用仅能活动的几个手指操纵一个特制的鼠标器，在电脑屏幕上选择字母、单词来造句，然后通过电脑播放声音，通常造一个句子要五六分钟，为了合成1个小时的演讲录音要准备10天。

这则故事让我们明白，不管怎样的人，只要努力奋斗，都有成功和出类拔萃的一天，从而激起积极向上、为自己的明天努力的情感。

(四)社会普通人的奋斗

读书很苦，不读书的人生更苦。

当年（2008）的“白卷考生”徐孟南，高考任性交白卷，在考卷上写满了自己的“教育宣言”，在当时引起了社会广泛的关注。十年后，他对自己当年的行为产生了悔意。徐孟南说：“在工厂里，每天都在做重复的工作，想换好一些的工作，都需要比较高的学历，而我只是高中毕业。”如今，十年过去了，他表示将再战高考，边打工边学习。十年前的冲动，改变了他的人生轨迹，如果当时他没有交白卷，或许就是另外一番境遇。

你的见识高度，决定了你周围的社交圈子，决定了你将拥有什么样的人生。当才华撑不起野心、决心拗不过现实时，先好好读书。

(五)身边同学的奋斗

发扬奋斗精神学生发言稿：

我想讲的同学名字叫王玉育。在第一次选考中，她就已经取得一定的成绩。可是她并没有因此满意，她坚定地说：“我要再考一次地理和生物！”于是，在这两三个月中，她疯狂学习，遇到不懂的就问，直到弄懂为止。她有目标，在前行的道路中，无论有什么艰难险阻，都十分清楚自己要驶向何方。最后第二次选考成绩出来了。你们猜怎么着？她凭借自己的努力让自己的成绩又上了一个水平！地理由88分提升到了97分，生物更是从85分提高到了100分！就是这种不屈的魄力和永不放弃的精神铸就了更好的她。她总是对我说，你要对自己有信心呀！（王杰）

在高中学习生活中要敢于突破自己、超越自己。

四、聆听习总书记讲解奋斗

习近平总书记说过一句关于奋斗的简洁而有力的话：幸福都是奋斗出来的。在许多不同场合，总书记都表达了奋斗的重要性。如在2013年5月4日，在同各界优秀青年代表座谈的讲话时，他指出："人的一生只有一次青春。现在，青春是用来奋斗的；将来，青春是用来回忆的。"

五、发布"多彩408战斗'檄文'"

奋斗精神是中华民族的传统美德，成为后人继往开来、开拓创新的巨大动力。奋斗精神永不过时，不仅一个人，一个国家、一个民族、一个社会，繁衍生息，进步变革都离不开奋斗精神。

奋斗精神的可贵之处在于，越是面对困难和矛盾，越能激发出意想不到的力量。周恩来总理曾经说过，为中华腾飞而努力奋斗！

"白日不到处，青春恰自来。苔花如米小，也学牡丹开。"清朝诗人袁枚之作《苔》一夜爆红，触动了无数人的心弦。这首300年前的小诗体现的是普通人的奋斗精神，"苔"是一种生命的力量，"苔"要盛开，不辜负梦想，奋斗是根本基原。

作为新时代中学生，在思想上要树立远大理想，要培养不怕困难、不怕挫折的坚强意志，乐观向上，开拓进取；在学习上要顽强拼搏，勤于思考，勇于创新，认真完成学业任务；在生活上要勤俭节约，艰苦朴素，不铺张，不浪费，

自强自立。

奋斗者是精神最为富足的人，也是最懂得幸福、最享受幸福的人。让我们每个人都成为奋斗者！

六、奋斗节宣誓

奋斗节宣誓：

奋斗意味着吃苦耐劳，英勇顽强，战胜困难，是一种斗争精神；

奋斗意味着奋发向上，锐意进取，敢为人先，是一种创新精神；

奋斗意味着乐于奉献，辛勤创业，勇于开拓，是一种献身精神。

不苦不累，等于无味；不拼不搏，等于白活！（最后一句话连续三遍）

七、奋斗节措施

（一）励志长跑

鼓励同学积极参加励志长跑，发扬艰苦奋斗精神，磨练自己的意志品质。

（二）名言佳句

选出一句与奋斗有关的名言佳句，贴在床头，睡前、起床时心中默念几遍。

（三）励志图书

励志图书推荐：《平凡的世界》《龙樱》《一升的眼泪》《人生》《钢铁是怎样炼成的》《永不言败》。

（四）每日作息表

制定切实可行的作息表，张贴在房间的显眼处。如果接连几天都无法依照预定时间作息，应找出原因并做调整。制定作息表的关键在于：结合自己的实际情况制定时间规则。

八、奋斗节小结

在期末冲刺阶段，我们要成为花丛中最辛勤劳动的蜜蜂，我们要成为海浪中不惧风雨的海燕，我们要成为蓝天下最勇敢、最自信的勇士！

【学生体会奋斗精神】

我非常喜欢龙应台写给儿子安德烈的一段话：“孩子，我要求你读书用功，不是因为我要你跟别人比成绩，而是因为，我希望你将来会拥有选择的权利，选择有意义、有时间的工作，而不是被迫谋生。当你的工作在你心中有意义，

你就有成就感。当你的工作给你时间，不剥夺你的生活，你就有尊严。成就感和尊严，给你快乐。”（周洁）

【励志长跑】

1. 运动前的准备。穿着舒适，做一些伸展运动。

2. 跑步注意事项。跑步时上身保持挺直，手臂应随跑步的节奏自然放松地摆动。步间距可自行决定，要确保舒适；有意识地呼气，以便已使用过的空气能确确实实地离开肺部。

3. 跑步的时间和地点。跑步时间适宜放在晚饭前或晚自修第一节课后，地点是操场跑道上。最好是跑一分钟，走一分钟，这样有规律地不断循环往复，进行两到四组。每天坚持跑步，形成习惯不间断。

【周末家庭会议】

1. 父母谈谈自己的奋斗历史，尤其是青少年时期的奋斗经历；

2. 孩子选取最感兴趣的奋斗案例，分享给父母；

3. 选取一本励志图书，作为家庭励志图书，一起看书并交流分享。

【教育反思】

新时代要有新气象新作为。要始终不忘初心，坚定理想信念，勇往直前；要立足实践，付诸行动，在实践中锤炼品质，在实干中成就事业；要保持永不懈怠的精神姿态，直面困难与矛盾，迎难而上，激发强劲的力量。

新时代是奋斗者的时代。本节主题班会课从寓言故事入手，选取从古代到现代有代表性的人物，将这些奋斗的“珍珠”串成“项链”，给学生展现了一幅生动的人类奋斗历史。感受生命的顽强，激励学生为民族复兴，为自己的有为人生而努力奋斗。

首创：创新周活动

时间：6 月的第二周（高二）

人人都有创新的潜能。但在现实的教育教学实践中，学生的创新潜能并未得到充分的挖掘和培养。培养学生的创新精神，一个非常重要的方面就是要给学生自由支配的时间和空间，让学生自主表达，去分析解决问题。但在高考成为指挥棒的当下，这需要教师的智慧和勇气。学生问题越来越少，思维被动并趋于模式化，不能很好地解决实际生活中的问题，造成创新人格的缺失。我们开展“创新”主题班会，以培养学生的创新思维和创新意识为主旨，倡导从生活中、从实践中学习科学文化知识，提升创新能力。

一、创新

创新是一个民族进步的灵魂，是一个国家兴旺发达的不竭动力。中国共产党的建党实践，就彰显了开天辟地、敢为人先的首创精神。

从 1840 年鸦片战争到新中国成立，中华民族经历了许多次救亡图存的社会实践与变革，但几乎每一次都以失败告终，直到马克思主义在中国传播，中国革命的面貌才焕然一新。从李大钊在中国第一个传播马克思主义，到陈独秀在上海创建中国共产党第一个组织；从陈望道首译《共产党宣言》“盗取”革命的“火种”，到毛泽东开创中国的革命新道路，成为马克思主义中国化的伟大开拓者；从缪伯英成为中国共产党第一个女党员，到俞秀松成为中国社会主义青年团的创始人……中国共产党的创建，离不开这样一批脚踏实地的实干家。他们认定目标，坚定理想，百折不挠，脚踏实地，无论遭受多少困难与挫折，都不动摇、不退缩、不屈服，克服前进道路上的艰难险阻，实现自己的奋斗目标。

创新是以新思维、新发明和新描述为特征的一种概念化过程，有三层含义：第一，更新；第二，创造新的东西；第三，改变。

二、培养创造性思维能力

培养创造性思维能力，一般注意五点。一是具有强烈的好奇心，喜欢深究，凡事多问“为什么”，好动脑筋，有敏锐的发现问题的能力；二是适合所从事的事业，有激情，迷恋自己的事业；三是不盲从权威，敢想，敢于标新立异，有敢于提出问题的勇气；四是发展想象和联想能力，要会想；五是善于综合利用各种信息。

三、学习菲利浦斯 66 法

菲利浦斯 66 法（Phillips 66）是美国密西根州希斯迪尔大学校长 J. D. 菲利浦斯发明的集体思考的创造技法。这一技法是将一个大型集体，分成若干个六人小组，围绕需要解决的问题，运用智力激励方法，同时进行 6 分钟讨论，最后得出一个解决问题的答案。所以人们称之为菲利浦斯 66 法。其以脑力激荡法为基础，可以消除“人数太多，不利于自由发言，从而导致参加者提设想的积极性减退”这种不利影响，容易收集到相当有趣的构想。

操作步骤：①确定课题；②把规模较大的团体分为 5 至 10 人的几个小组；③各小组安排一位主持人（兼记录员），在小组中进行脑力激荡活动；④各小组会议每次 6 分钟；⑤各小组得出结论，报告结果；⑥对全体出席者提出报告，再由全体成员进行讨论或对设想进行评价。

四、建立班级创新实践引导机制

从引入模仿、借鉴改造、整合生发、原创改进等四个方面，引导学生进行创新实践。

步骤	具体内容
创新实践视野	通过“查一查”和“试一试”，对创新实践的内容进行全面的了解
创新实践选题	通过个人“填写表格思考”和“菲利浦斯 66 法”，捕捉创新灵感，分析课题实施可行性，确定创新实践选题
创新实践行动	呈现创新实践中难以解决的问题，一起讨论解决问题的办法，邀请专家指导，及时沉淀创新过程中的成功经验，分享创新成果
创新实践总结	通过不断修改完善，使每个创新实践成果都按照一定规范要求呈现，但鼓励呈现有个性的成果

五、创新举例

（一）伽利略的怀疑和创新

意大利物理学家、天文学家伽利略对亚里士多德“物体依本身的轻重而下落有快有慢”的结论有怀疑，他凭着“自信的直觉”和多次实验，证明了物体下落的速度与物体的质量无关，进而动摇了亚里士多德在物理学中的长期统治地位，在科学界引起了极大的震动。他最终发现了自由落体规律。

（二）培养创新意识

关注自然和社会中的各种问题，能够不断思考，渴求有所发现，逐步培养自己的创新意识。列举一些创意作品，让学生说出创新之处，体会创造的快乐。

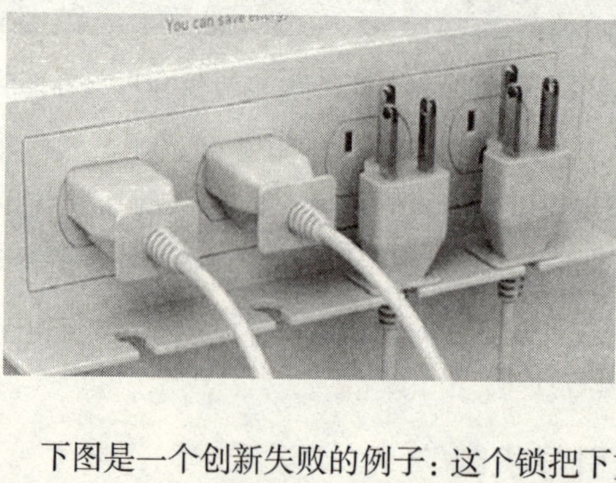

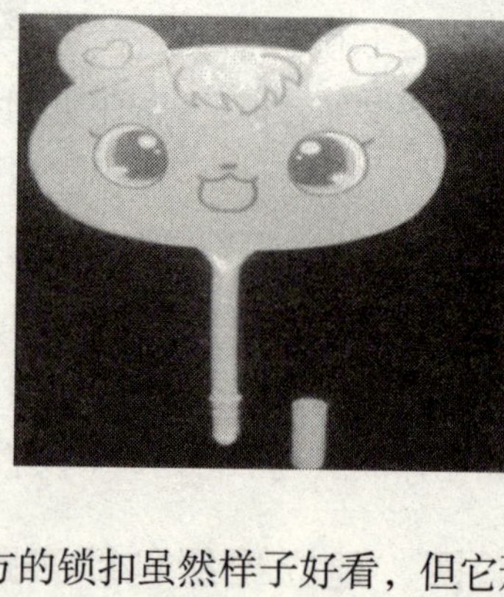

下图是一个创新失败的例子：这个锁把下方的锁扣虽然样子好看，但它形态方正，周边上没有磨光滑，导致开门时手会被刮伤。

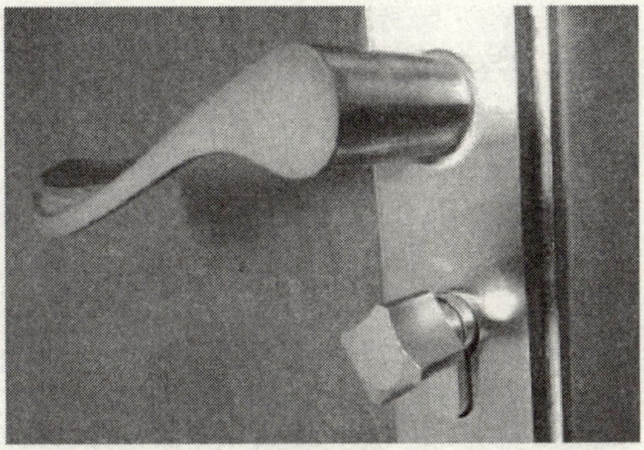

（三）学习研究专利产品“潮泳”

展示完整的国家专利：潮水运动模拟装置“潮泳”（Tide Swimming）产生过程，并在教室内与同学们一起玩“潮泳”。并通过学习小组讨论，形成改进“潮泳”的设想。后来，我还把“潮泳”送给了班级的“科技之星”副班长顾宇衡。“潮泳”产生过程附后。

（四）解决一个实际问题

每天中午学生休息时，进入教室是一个痛苦过程，因为安静的教室会被“吱吱吱”的（铰链发出的）开门声音打破。如何消除这种令人不快的声音？生活中还有什么能够方便生活、需要解决的问题？按照班级创新实践引导机制解决这个实际问题。

六、研究性学习和创新探索

研究性学习作为综合实践活动课程的一个重要领域，基于学生的直接经验，密切联系学生自身生活和社会生活，体现对知识的综合运用，有利于培养学生的创新精神和综合素质。

例如，挑一位学生讲述毛泽东深入湖南农村，实地考察农民运动的历史故事，让同学们感受到调查研究（研究性学习）的重要性。

结合嘉兴教育学院开展的市高中学生研究性学习课题小论文评比活动，我们学习了《中学生如何撰写科技小论文》这篇文章，并布置学生进行研究性学习，本周做好选题工作，具体研究与实施放在暑假进行。此外，还布置学生进行课本探究和物理实验。在年底公布的嘉兴市研究性学习课题小论文评比中，张佳辉、龚秋虎撰写的《数学谜语》小论文获市二等奖，周静雯的《情与理的较量》获市三等奖。

中学生如何撰写科技小论文

科学研究并不神秘，关键要有科研意识。实际上，中学生对某一问题有自己独到的见解，中学生们考虑问题的角度有时也很独特。用科学知识去认识并研究问题的潜能很大，关键在于挖掘。那么，如何撰写科技小论文呢？

一、科学地选题。选择难度适宜的题目，是做好研究和写出高质量小论文的前提。我们可以从课堂内、课堂外的研究性课题中选题。选题时可从其科学性、实践性、推广性等方面进行反复论证，如果有价值，那就从中选取一个小角度入手，来进行研究。

二、搜集、处理、利用信息。通过深入分析各种资料，上升到一定理论高度，提出科学的道理和见解。我们在进行科技研究时，培养对信息搜集的敏锐性，要学会如何利用或创造条件，通过种种手段搜集各种学科前沿信息，然后对这些信息进行分析、处理、综合。

三、学会合作研究。经过实践调查，搜集信息后，还要深入研究。我们鼓励并采用小组合作研究的方法，对课题进行“深加工”。如“大棚菜与田间菜的区别研究”“家乡名胜知多少”主题活动等，单靠一己之力难以完成，则以小组形式开展。

四、整理资料，撰写论文。在课题研究有初步的眉目后，老师就要及时指导学生拟订提纲，按照课题研究的有关格式要求，把活动经过以及成果、思考、建议写出来，把科技实践活动中闪光的创新点记录下来。

创新型人才的培养，单纯依靠课堂教学是远远不够的。只有热情高涨地投入科技创新之中，毫不疲倦地实践创新，才能应对新时代的挑战。

附：“潮泳”产生过程

（一）由想法到图纸

海宁潮是天下奇观。有一次，我们一家人开车去海宁盐官看海宁潮。先去了海宁观潮胜地公园，看到了闻名已久的钱江“一线潮”，紧接着，驱车追逐潮水运动的潮头，又看到了汹涌的“回头潮”。这次观潮给我们带来了极大的震撼，天下奇观真是名不虚传，儿子一直兴奋地说着他理解的潮水形成过程，还在纸上画了下来。

由此，我们慢慢产生了制作一种潮水运动模拟装置，来模拟海宁潮运动的想法。就是要运用物理学中波浪前进速度与水的深度正相关的原理，制作一个密闭的里面放适量水的透明容器。以下是几个不同时期的潮水模拟装置的模型图。

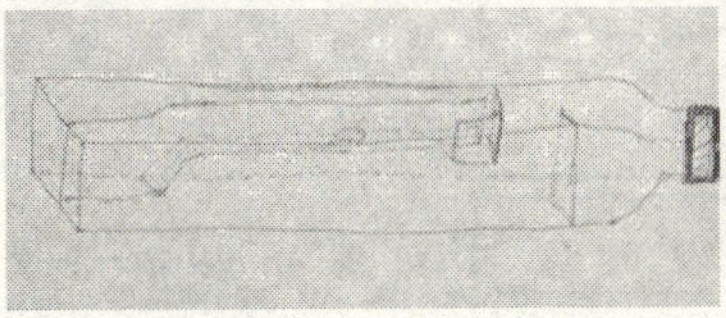
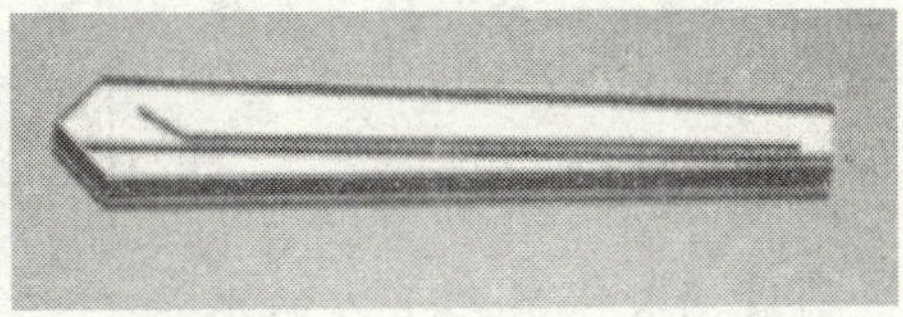

说明：透明容器外形为抽象的鱼（舰船）的形状，在容器内部有一块很长的挡板，将水阻隔成两部分，但是挡板没有把容器完全分隔开，在模型的头部与尾部，水是可以相互流通的，并且将头部的挡板制作成一定的斜度，形成一个“喇叭口”的形状。当模拟装置受到向右的推力时，装置将向右作平行移动，装置内的水会随之运动，形成“钱江潮”。

（二）由图纸到实物

有了想法，就开始行动。利用假期，与儿子一起研究工具的使用，购置相关工具。材料的选择是另一个问题，考虑过的材料有泡沫塑料、铅皮、矿泉水瓶、透明有机玻璃等。为了产生好的效果，进行了不断的尝试，最后选定用亚克力制作较为合适。以下是几种不同的实物模型：第一个是用用于窗框的 PVC 方管做的；第二个是用铅皮做的；第三个是用透明平面亚克力做成的。

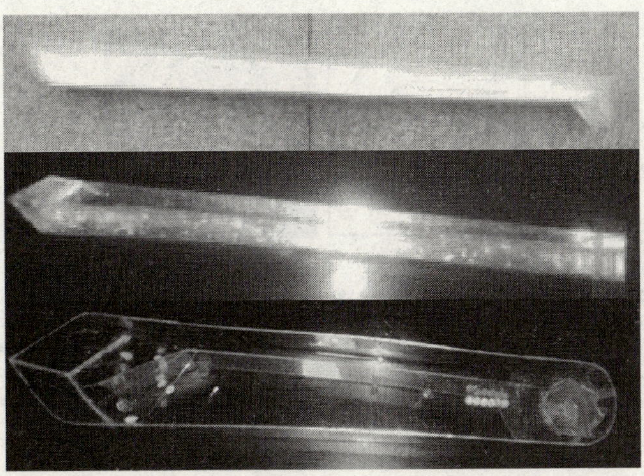

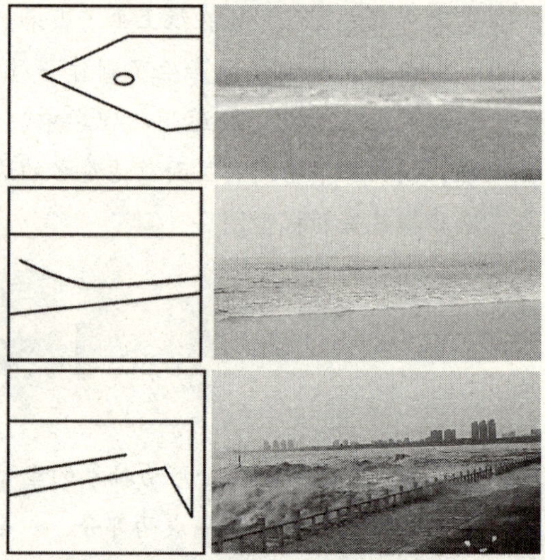

1.“头部”：在模型的最左侧，是钱江潮的“交叉潮”。由于“头部”的两块挡板有一定的角度形成“交叉潮”。

2.“喇叭口”的存在使“中段”形成“一线‘争’潮”。水流被中间的挡板分割成两股水流，下方的水流由于有一个“喇叭口”，流入量较多，又迅速变窄，导致水面抬升（这是钱江潮“一线潮”的形成原理），水的相对深度变深；与此同时，上方的另一股水流因为水量少，且水面变得宽阔，水的相对深度变浅。因此，水的流速不一样，下方的水流较快，上方的水流较慢，形成了一个对比。

3.“尾部”：是钱江潮的“回头‘叠’潮”。水流流至尾部，由于下方的水流快，先到达尾部，经挡板后浪就回头，形成“回头潮”。

4.“尾部”增加“螺旋‘卷’潮”。在钱塘江面的中间，向前流动的潮水与打到对岸回头的潮水往相反方向流动，会卷起很多的螺旋。为了把这些螺旋表示出来，形成“螺旋‘卷’潮”，又在模拟装置的尾部进行了改进，增加了一个杯口有齿状底部有小洞的“杯子”（如下图）。

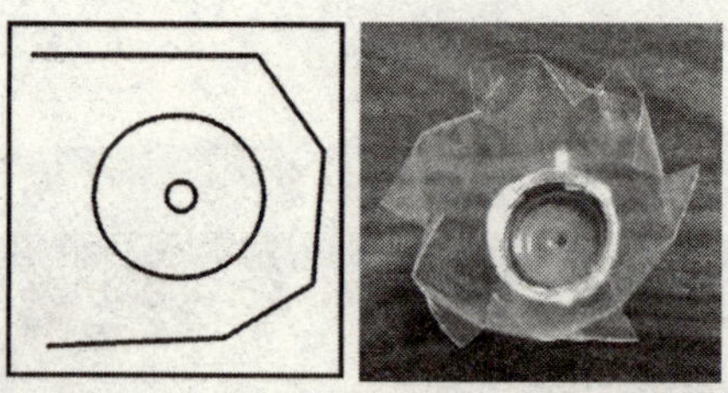

（三）申请国家新型专利

在专利申请代理公司夏锋老师的帮助下，写好了申请书，上交国家专利局。经过4个月时间的等待，国家专利证书终于成功拿到了，批准号ZL201520930844.6。

中华人民共和国国家知识产权局

310014

浙江省杭州市朝晖路213号中山花园写字楼4-2-1号

浙江永鼎律师事务所 陆永强

发文日：

2015年11月23日

申请号或专利号：201520930844.6　　发文序号：2015112300304160

申请人或专利权人：张林华

发明创造名称：潮水运动模拟装置

学生提出优化“潮泳”的设想

▲外形要美观，因为是模型，没有太大实际用处，主要靠外观，要对外观进行优化。(陈宏宇组)

▲做成自动的，手动改成电动，更省力更便捷。(王一平组)

▲最好到与“潮”有关的地方销售，从身边的朋友做起，可以不盈利，让他们帮忙推广。(顾宇衡组)

▲可向饰品店、玩具店推销，这些地方针对性较强，小孩多，流量大，也可以加之赠品吸引眼球。(忻诗杰组)

▲做得小一点，方便携带，价格也可便宜些。(金加辉组)

排除干扰声

每次进出教室总会听到“吱吱呀呀”的门的声音，是门的金属铰链碰撞摩擦发出的。如何才能让这个声音消失掉？“巧手”郭雯莉组织几个同学讨论了一下，又从网上百度了一下，最后得出一个办法：将铅笔芯刮成粉，加在铰链上，很是方便，效果较好。从此，“吱吱呀呀”的声音就再也没有听到过。

【周末家庭会议】

1. 每人谈谈生活用品中有什么不方便、需要改进的地方；
2. 按班级创新实践引导机制进行创新实践。

【教育反思】

在新时代，“无创新无出路，无改革无出路”，要弘扬首创精神，形成开拓创新的价值取向，破解遇到的难题：第一，要敢于提问与质疑，遇事多问一个为什么，学会创新，征服更多未知难题；第二，要学会合作，发挥“1+1>2”的作用，形成优良的班风和学风；第三，还要积极参加社会实践，积极进行探究学习，投身社会公益活动；第四，对于日常生活中的问题，可以另辟蹊径，去创造创新，寻找常规之外的解决问题的路径与方法。

创新的本质是突破，即突破旧的思维定势，旧的常规戒律。开拓创新不仅要有创造意识和科学思维，还要有坚定的信心和意志。创新活动往往需要发散、聚合、再发散、再聚合这样往复的过程。

人人都有创新的潜能。但在现实的教育教学实践中，挖掘和培养学生的创新潜能更需要教师的智慧和勇气。培养学生创新精神要给学生自由支配的时间和空间，让学生自主表达，去分析解决问题。

“敢为”精神实践——多彩发展

只有改变自己，才能改变别人；只有领导改变，一个组织才有可能改变。班主任的言行将是学生一生中某个时段成长的路标，他们会仿效你，甚至成为你忠实的粉丝，若你有才，学生会更加地崇拜你。每个班主任的个体差异就蕴含着其独特的优势，可以形成其独特的带班方式。

在“多彩 408”教室里，放下对未来的恐惧和焦虑，在富有诗意的校园生活中，通过开展丰富多彩的实践活动，以班主任的“敢为”带动学生的“敢为”，班主任更注意自己的形象、更愿意展示自己的才能、更愿意尝试新的东西，师生一起“不断成长，不断向前，不断发展”。

班主任的“敢为”：开辟开心农场、开展图书馆日、写诗、投稿、发明、记诵英语单词、周主题活动……学生的“敢为”：研究性学习、爱心义卖、群星日、投稿、“星”报名、门铰链、三位一体、杭州模联、上海比赛……

国际视野：模拟联合国

作为新时代的中学生更需要具有远大的国际视野，模拟联合国大会的举行，给学生提供了一个良好的平台，开拓视野，磨砺自我，展示学生的青春风采。在模拟联合国活动中，青年学生们通过亲身经历熟悉联合国等多边议事机构的运作方式、基础国际关系与外交知识，并了解世界发生的大事对他们未来的影响，了解自身在未来可以发挥的作用。我们“多彩408”有五位学生参加了浙江省第二届模拟联合国活动，收获满满。

一、什么是模拟联合国

模拟联合国（Model United Nations，MUN，简称模联），是对联合国大会和其他多边机构的仿真学术模拟，是为青年人组织的公民教育活动。在活动中，青年学生们扮演不同国家或其他政治实体的外交代表，参与围绕国际上的热点问题召开的会议。代表们遵循议事规则，在会议主席团的主持下，通过演讲来阐述观点，为了“国家利益”辩论、磋商、游说。他们与友好的国家沟通协作，解决冲突；通过写作决议草案和投票表决来推进国际问题的解决。模拟联合国大会不仅仅是一个竞技的舞台，更是一个提高学术水平、提高英语能力、培养逻辑思维的重要途径。

模拟联合国活动源自美国，是一项历史悠久、开展广泛的学生活动。1951年，美国加州大学率先成立模拟联合国团队，举办模拟联合国活动。自2001年以来，模拟联合国走入中国并迅速发展，成为了许多大学和高中里备受欢迎的活动。

二、第二届浙江省暨杭州市中学生模拟联合国大会

第二届浙江省暨杭州市中学生模拟联合国大会在杭州市长河高级中学召开。全省 260 余名中学生代表齐聚一堂，就世界热门的政治话题以模拟联合国大会的形式进行讨论。

本次模拟联合国大会旨在培养学生广博的国际视野和自觉的社会担当，帮助学生更全面地看待问题，思考问题，引导学生关注时事热点，对社会问题积极建言献策，将来为社会主义建设做出积极贡献。

本次大会下设亚洲太平洋地区局势联动体系、裁军与国际安全委员会、国务院深化医疗体制改革座谈会、1954 年日内瓦会议、UNPOCUOS 五个委员会和一个主新闻中心。会议期间，“各国代表”背负着对自己所代表国家和人民负责的重任，围绕亚太地区局势、国际反恐、国务院医疗改革、战后印度支那和朝鲜半岛问题、外层空间利用等议题展开讨论。

以“采访前的准备”为例，对“模拟联合国”的学习材料作一个简要的介绍：

成功的采访前必须要做好大量准备工作，一般认为，采访 1 分钟至少要准备 10 分钟。在模拟联合国大会中，因为时间紧迫，不要求媒体代表在准备上花这么多的时间，但也要求对采访做必要的准备。

1. 获取新闻线索。线索是个引子，只要它有价值，而且确有其事，就应该穷追不舍，深入挖掘和采访。

2. 做好前期调研。想要有一定的新闻灵敏度，或顺利进行采访，必须进行充分的调研。调研分为平时调研和临时调研。

3. 拟定采访提纲。采访提纲的水平直接关系到整个采访的深入程度，进而影响报道质量。（1）新闻采访提纲的格式；（2）会议报道采访要点一览表；（3）新闻发布会报道采访要点一览表。

4. 问题设计。问题设计是采访提纲的主要内容，它是采访主题和路线的具体化。其内容应注意：第一，具体采访对象；第二，对每一位采访对象提出具体的问题；第三，各个问题间的逻辑关系；第四，各个问题应包含互相印证的内容；第五，对不同采访对象的提问方法。

问题设计必须注意的几个技巧和方法：第一，要从多个角度确定该问什么问题；第二，抓住核心问题，切中要害，就是要问到关键之处、要害之处；第三，提问要具体；第四，深入研究采访对象的特点，准备灵活、有特色的问题，激起被采访对象的兴趣。

注意：记者根据新闻线索设计的提问可能是错误的，或者肤浅的，而采访对象在回答问题时对记者的提问给予更正、辩解，那么记者就应该以采访对象的回答为起点，重新设计问题。

三、我校学生参加模拟联合国大会的经过

我校选派了8名学生参加这次模拟联合国大会。这是一次很好的实践锻炼机会，但整个过程艰难曲折。

（一）了解信息

课程部主任李娟妹老师（时任团委书记）在开会时了解到第二届浙江省暨杭州市中学生模拟联合国（省模联）的有关信息，主动要求参加。省模联回复说可以组队参加。

（二）选拔参加

校内发动，选拔优秀学生参加省模联。组成了共8人的代表队，其中，我们4班有5位同学（戴王磊、曾敏烨、周静雯、沈婷、陆洋）报名参加。

（三）准备工作及困难解决

学生分头准备省模联的资料，学习相关知识。但有一天，班长曾敏烨告诉我，由于种种原因，有可能这次大会我校不能组队参加了。我立即找李娟妹老师商量这件事，觉得丧失这次锻炼机会实在可惜，决定还是再试试联系省模联

组委会，看看是否有机会参加。经过协商，省模联组委会同意我们以个体名义参加。

（四）协调与省统考的冲突

高三省统考时间与省模联时间有冲突，经过努力，最后协调成功：学生先完成省统考，再参加省模联活动。

（五）出色表现

在第二届浙江省暨杭州市模联上，我们的学生表现非常出色，戴王磊同学还获得了“最佳辩手”的称号。

（六）突发事件

模拟联合国大会结束后，学生乘坐高铁从杭州回嘉兴。由于没有注意下车时间，有三位同学没有能够在高铁关门前下车，他们只能一路来到了上海，到上海后再滴滴打车回嘉兴。回到嘉兴时已经是凌晨3点钟了。

（七）分享经历

班会课上，沈婷和陆洋分享了模拟联合国活动的经验，包括紧张学习的经历，唇枪舌战的经历，以及活动的收获，感谢省模联组委会提供这么好的学习成长平台，两人都表示如果在大学里还有机会参加的话自己还会参加。

【学生体会】

第二届浙江省暨杭州市中学生模拟联合国大会，如同给我们打开了一扇窗，让我看到了我们年轻人的智慧和潜力，看到了缤纷的世界里还存在如此多的瑕疵，看到了和平年代里还有那么一些不和谐的嘈杂。（戴王磊）

虽然两个晚上一共只睡了六个小时，但一切的辛劳都是值得的。除了收获了许多专业知识以外，更收获到了友谊——认识了许多志同道合的小伙伴，还有友善的学生主席们。即便会期已经结束了，但偶尔还是会与他们联系，与小伙伴们讨论校园生活，向主席们讨教学习上的、能力上的经验，等等。偌大的世界里，漫漫人生路上，能够遇见这么多可爱的人，经历了这么有意义的事，真好。（周静雯）

【周末家庭会议】

1. 孩子从网上学习与联合国相关的资料，并选取自己感兴趣的部分把它介绍给父母；

2. 父母思考自己如何创造条件，鼓励孩子勇于尝试，发展自己，“多一种可能”。

【教育反思】

在进一步加强爱国主义教育的同时，我们要注重培养学生的国际理念、国际竞争与国际合作意识；在培养具有“世界眼光”的学生时，更要培养他们的“中国心灵”，培养学生的创新意识和创造能力。

作为班主任老师，要多创设条件，给学生多一些展示自己的机会，为学生的发展“多一种可能”，学生“敢想、敢做、敢当”，在承担自己的责任中逐渐成长，在活动中培养思维能力和健全的品格。学生参加的模拟联合国活动虽然与“考试”有冲突，但有时多一次经历比多一次考试更有价值。

美化环境：开心农场植树节

时间：3 月 12 日

我国植树节定于每年的 3 月 12 日，是为激发人们爱林、造林的热情，促进国土绿化，保护人类赖以生存的生态环境，通过立法确定的节日。在植树节期间，我们班去学校的开心农场进行了植树活动，为建设生态嘉兴、美丽嘉兴添砖加瓦。活动主题：春游农场，奉献绿色。

一、活动准备

（一）环境问题威胁着我们的生存和发展

随着时间的推移，飞速发展的工业在给人类带来高度发达的物质文明的同时，也给人类带来了严重的环境问题，有的已经威胁到我们人类的生存与发展。学习中国工程院院士钱易的《人类处在怎样的环境中》：

> 世界正面临着十大环境威胁：一是全球气候变暖。气候变暖会引起两极冰川融化，导致海平面上升。二是臭氧层被破坏。人类在生产和生活活动中排放的臭氧层损耗物质会破坏臭氧层，导致皮肤癌和白内障等疾病的发病率升高。三是生物多样性减少。过度捕猎、工业污染等造成的生物多样性减少，将逐渐瓦解人类生存的基础。四是酸雨蔓延。大量二氧化硫和氮氧化物排入大气，随雨水溶解于水中，直接损害农作物，导致湖泊酸化，鱼类死亡。五是森林锐减。过度采伐和森林火灾使得林业面积锐减，导致水土流失、洪灾频发。六是土地荒漠化。过度放牧、采矿、修路等活动使草地退化。七是资源短缺。水资源、耕地资源和矿产资源严重短缺。目前全球约一半人口受到缺水的威胁。八是水环境污染严重。工业污水使得原本清澈的水体变黑发臭，细菌滋生。九是大气污染。悬浮颗粒被人体

吸入，容易引起呼吸道疾病。十是固体废弃物成灾。固体废弃物中含有有害物质，任意堆放会污染周围的空气、河流甚至地下水。

（二）介绍植树节，激发学生参与热情

通过生物课代表介绍植树节的由来，让学生关注植树节，关心生态环境，为成立“开心农场主”团队和开展植树节活动做好思想动员工作。

中国曾于1915年规定清明节为植树节，最初由林学家凌道扬等创议设立，而后在1928年将植树节改为孙中山逝世的3月12日，以纪念革命先驱的植树造林愿望。这一设定被中国大陆和中国台湾沿用至今。孙中山是中国近代史上最早意识到森林的重要意义和倡导植树造林的人。1894年，他在《上李鸿章书》中就强调“急兴农学，讲究树艺”。1915年，在孙中山的倡议下，农商部呈准大总统，以每年清明节（每年4月5日前后）为植树节，全国各级政府、机关、学校指定地点、选择树种举行植树节典礼，并从事植树活动。该决议于同年7月21日获批准，正式在全国范围内执行。自此，中国正式有了自己的植树节日。1928年4月7日，民国政府通令全国：“嗣后旧历清明植树节应改为总理逝世纪念植树日。”

作为新时代的建设者和接班人，我们要坚持“人与自然和谐共生”，树立和践行“绿水青山就是金山银山”的理念，要像对待生命一样对待生态环境，保护生态环境。

（三）学生自主报名，组建“开心农场主”合作组

开发、建设、维护班级开心农场，主要做好下列工作：1.“开心农场主”成员开会，班主任介绍“开心农场主”成立的意义，农用器具的使用知识，班主任还向“农场主”们展示了自己脚上的伤疤，这是小时候干农活，用锄头刨地刨到了脚背而留下的，以此作为安全警示，提高学生的安全生产意识；2. 安排“农场主”实地察看农作物，收集、整理植物相关资料，了解“水蜜桃之乡”情况，并在植树节当天向同学们作介绍；3. 原本准备到“水蜜桃之乡”凤桥镇三星村购买凤桥水蜜桃幼苗，但因为陆建英老师家在凤桥，家中要种很多桃树苗，于是免费给了我们三株小桃树。

二、植树节活动过程

（一）排队前往

排队前往嘉兴四高开心农场。

（二）听取介绍

到达植树地点后，在教师带领下集合在一起，听取“开心农场主”的介绍。

（三）分组分头行动

“开心农场主”学生种桃树，下蔬菜种子、浇水，其他同学参观开心农场，了解农作物的名称和生活习性等。

（四）欣赏观察

闻油菜花香，观察蜜蜂蝴蝶飞舞，找豆耳朵，数蔬菜种类，欣赏菜园美丽景色。

（五）合影留念

在油菜花丛前以寝室合作组为单位合影留念。

（六）安排后期护理工作

树木种植完毕后，安排“开心农场主”后期树木护理工作，保证成活率。

（七）撰写活动心得与宣传报道

同学们写下植树节心得体会，安排学生写宣传报道，并发表在校园网上。

三、拓展教育

（一）介绍几个有关环境保护的网站

联合国环境规划署 http://www.unep.org

生态环境部宣教中心 http://www.chinaeol.net

中国环境网 http://www.cenews.com.cn

中华环境保护基金会 http://www.cepf.org.cn

（二）介绍与自然保护相关的一门职业

通过对（美国）自然保护宣传员这一职业的介绍，让学生更多地了解和认识社会，为将来的职业发展做准备。

自然保护宣传员（美国）：

如果你热爱大自然，请将你所学的生物学知识和对大自然的兴趣合二为一，做一名义务的自然保护宣传员。

自然保护宣传员也被称为自然学家、生态学家或环境教育家。作为自然保护宣传员，必须具有生物学、植物学、动物学、森林学、环境科学、教育学或相关的学位，同时还必须具备与人交流的技巧。他们的主要工作是帮助重建自然栖息地或是保护已存在的自然保护区。另外，他们还带领前来观光的游客参观景点，提供视频展示，并进行特殊地区环境保护的宣传教育。比如，许多底栖海藻喜欢在岩石下“爬行”，因为这样能避免阳光暴晒，而这也是要求游客将手中捡到的岩石归位的理由。

许多自然保护宣传员原先都是志愿者，并不都具备专业学历，只是热衷于这一事业。随着时间的推移，这些志愿者可能成为内部人员而被雇佣。

（三）开展一次课外生物实践活动

下面是本校生物老师孙立卓设计的一个生物实验，以激发学生学习和实践的兴趣，使活动更有意义，让学生有更多收获。

“比较叶片”小实验

实验目的：观察不同的叶片，辨别不同叶片的特征，以帮助你区分植物类型。

实验步骤：

1. 征得教师同意后，观察校园里5种不同植物的叶片。注意：不要选针叶树。

2. 将每种植物的叶形描在本子上。除了素描，给叶片贴上标签，标明是单叶还是复叶，然后列出叶脉类型，并记录叶序类型。

3. 收集和组织数据。列出这些特征，计算每类叶片的数目。汇总全班数据，将上述三个特征都相同的叶片归为一类。最后将分类结果绘制成条状图。

4. 思考一个问题：植物学家为什么要比较叶片的结构呢？

5. 注意事项：实验时，你的手不要接触嘴。完成实验后，立即洗手。

（四）参加一个课外学生社团

动员喜欢生物的同学参加“绿之韵”生物社团。

动员学生参加校团委组织的各种社团，在社团学习中增长才干。喜欢文学的参加“禾风”文学社，喜欢话剧的参加“唐风”话剧社，喜欢舞蹈的参加“哆来咪”民族舞蹈社，还有青春飞扬心理健康活动社、小吃社、足球社、时政社、金色阳光广播站、硬笔书法社……

向学生展示各社团的宣传海报、学生社团“优秀社员”评比办法和学生通过社团学习取得的骄人成绩，让学生对社团活动有一种直观感知，营造一种我也要加入社团的良好氛围。

“开心农场主”成员

组长：郭雯莉　组员：王陆斌　李时荣　陈宏宇

学生体会植树节

拔去田中茂密的杂草，留下青绿的嫩苗，幻想着它成熟的模样；锄头翻耘着土，打开它心灵的窗户，让阳光进入，种子随之欢快地跳入其中，等待时机展现无限的魅力，甘甜的水给了它们充足的动力。空气中是青青绿草，混合着泥土的味道，散发着午后的芳香。这次活动让我们邂逅了久违的“春天”，领悟到了逐渐离我们远去的农活的快乐。当然心中也留下一份对农民伯伯的敬仰和爱戴，怀着一份感恩的心去品尝着上天的恩赐。（叶靖怡）

其实多干干活也是好的，现在我们都在家待久了，捧着电子产品就是一整天，哪有去想过享受这样的农家生活呢？一片油菜花海，香气扑鼻，蜜蜂飞着，鸟儿叫着，天还是蓝的，阳光灿烂，你在那片花海中又是如何的诗情画意！所以趁着现在美景还在，多出去走走，多干干活，多体验和自然拥抱的生活。（唐怡清）

【周末家庭会议】

1. 一起浏览环境网站，了解最新环保信息，增强环保意识；

2. 有条件的家庭种植一棵家庭心愿树，如枇杷树，也可以一起去花鸟市场买花，给家里的阳台增添绿色；

3. 父母从网上学习养花知识，进行相关生物实验。

【教育反思】

节日资源是一笔宝贵的教育资源，在现实生活中有很多节日适合作为主题班会的主题，如“三五”志愿者服务日、植树节、母亲节、教师节、清明节、成人节、感恩节等。通过必要的仪式教育，介绍节日相关背景知识，深化学生对相关主题内容的理解和认识，学习中华民族的优秀传统文化和当今世界的先进文化，同时，节日或纪念日的特殊氛围也会进一步突出班会的主题。

开心农场是一个学生劳动实践、放松身心的好地方。可惜很多学校没有这个条件，或者有条件但没有引起班主任老师足够的重视。“408”开心农场的两块菜地是我从嘉兴市建筑工业学校的老师那里主动要过来的。有一次我带着学生干“坏事”——在开心农场“偷菜”，把孙立卓老师的黄瓜和番茄一扫而光，这带给学生强烈的满足感，会令学生终身难忘。当同学们在生活中快乐地劳动，在劳动中有所感悟的时候，劳动就变成了一种品质，一种文化。

书香飘溢：读书节

时间：3 月

在这个美丽的春天，让我们一起走进阅读的世界，追逐阅读的脚步，寻找阅读的身影，聆听阅读的声音。读书像呼吸一样自然。主持人：语文课代表陈思媛。

一、名人趣事

三月，春暖花开，在江南柔媚的水乡，随处可见黄发垂髫，手携书本，怡然自乐；随时可闻老牙童声，《楚辞》《诗经》，悠然自得。正是：江南燕语莺歌闹，千家万户读书声。下面请周洁同学给我们讲一个故事。

周洁（班级“小作家”）：我给大家讲一个名人故事《“缘缘堂”得名缘由》，作为本次主题班会的开头。

“缘缘堂”得名缘由

丰子恺的斋号叫做“缘缘堂”，定名的人是他的老师弘一法师李叔同，其由来也很有趣。弘一法师云游四方时，有一次住到了丰子恺的家中。丰子恺借机请老师给自己的住所题个斋号。弘一法师没有急着动笔，而是先让丰子恺把自己喜欢的字写到一张一张的小纸片上。丰子恺虽然感到十分惊讶，但还是依老师之言写了不少的字，字写完之后，弘一法师又让丰子恺把小纸片团成一个一个的小球，而后让丰子恺自己去随意挑选——原来是抓阄！丰子恺颇觉新奇，随手抓了一个小球，展开一看，上面是个“缘”字，再抓还是一个“缘”字。弘一法师微微一笑，十分高兴地提笔濡墨，写下了“缘缘堂”三个字，丰子恺的斋号由此确定。

弘一法师和丰子恺都是我们嘉兴地区的文化名人，他们的师徒关系也是为人所称道的。同学们课外可以多读读他们的文章。

二、影响你的一本书

陈思媛：身边这么多的读书者都是最好的榜样，身边还有这么多包罗万象的书，说不准哪一本就给你打开一扇求知的心门，影响你一辈子。下面有请班主任介绍触动他内心的一本书。

班主任：书籍也许在短暂的时间内不会让你得到实在的回报，但书籍带给你的影响深远持久，我总是相信，一个人读怎样的书，思考怎样的问题，造就了他的性格与际遇。触动我内心的一本书是《百年孤独》，这是哥伦比亚作家加西亚·马尔克斯创作的长篇小说，是其代表作，也是拉丁美洲魔幻现实主义文学的代表作，被誉为"再现拉丁美洲历史社会图景的鸿篇巨著"。这本书还是我在高二时看到的，可以说一直影响着我，就感觉在地球的另一边还有这么一个神奇魔幻的世界，这给我的内心带来一种充盈，一种满足。作品描写了布恩迪亚家族七代人的传奇故事，以及加勒比海沿岸小镇马孔多的百年兴衰，反映了拉丁美洲一个世纪以来风云变幻的历史。作品融入神话传说、民间故事、宗教典故等神秘因素，巧妙地糅合了现实与虚幻，展现出一个瑰丽的想象世界，成为20世纪经典文学巨著之一。这本书我推荐给同学们，大家可以在暑假时买来看，或去图书馆借来看。希望同学们要多读书，读好书，提升自己的综合素养。

陈思媛（语文课代表）：阅读，让生命充满喜悦；阅读，让灵魂如花绽放。

上一届学生阅读书籍的范围，内容有文学、科技、政治、经济、哲学、宗教、社会国际、人际交往、生活、艺术、历史、军事、体育等各个方面。下面是推荐书目，主要是学生感兴趣但普遍没有读过的书：

《一句话外交小窍门》《上海滩旧闻》《语言诡辩技巧》《社会家庭百科小知识集锦》《星空探密》《影响中国历史的100个男人》《影响中国历史的100个女人》《张大千画选》《伯年作品集》《科技五千年》（3册）《一百个文学形象》《石油大王洛克菲勒》《操纵世界经济的犹太人赚钱绝招》《世界政坛丑闻集》《中国·最新的轰动》《玉泉清茗（中国茶文化）》《美食寻趣（中国馔食文化）》《居室雅趣：中国装饰文化》《醉乡日月：中国酒文化》《美丽的岛屿》……

下面请每个学习小组推荐 1 人介绍一下上面书单中的某一本书。

三、班级图书角

陈思媛：读书角是为了给同学们提供更便利、更自主、更有共鸣的图书借阅机会，培养同学们爱读书、读好书的习惯，养成阅读交流的氛围。下面请同学们分小组讨论，给我们的图书角取一个响亮的名字，并对图书角的布置提出合理建议，我们要把图书角打造成“多彩 408”教室最靓丽的一道风景。

学生们开展讨论，最后定名“悦读吧”。

读书角需要有一位同学负责，请同学们推荐一位爱读书的同学担任这一职位，为大家服务。

经过同学们的推荐，郭雯莉担任班级图书员。在一片鼓掌声中，郭雯莉对大家表示感谢，并表示一定不辜负大家的信任。然后，她布置了本次读书节要开展的班级各项活动。

四、读书节活动内容布置

郭雯莉：宋代朱熹曾说过，“立身以立学为先，立学以读书为本”。下面我宣布一下读书节我们班要开展的活动：

（一）设置读书心得本

在班级读书角配置一本“读书心得本”，同学们可以写下自己读书的心得、体会，在“读书心得本”上留言、交流。可以从“我最喜欢这本书的原因”“我觉得这本书欠缺的地方”“我最想对书中的人物说的一句话”“我的一句话感悟”“我有相似体验”等各个方面写下阅读体会。

（二）人气杂志和人气文章

班主任购买的班级杂志《读者》《青年文摘》一直是我们班的“人气杂志”。这里对大家提个要求，在你看到有感悟的地方画线标注或打星，并写上自己的体会。大家感兴趣的“人气文章”会推荐给语文老师，一起进行剖析鉴赏。

（三）班级“BOOK 奖”评比

每位同学到家里找一本书过来，放在班级图书角中。下面是我起草的一个评比办法，评出班级优秀图书奖和图书征文奖。大家看看还有什么需要完善的。

班级“BOOK奖”奖励办法

为鼓励大家多读优秀书籍，打造文明书香班级，即今日起，我班将开设“BOOK奖”。具体奖励办法如下：

1. 向班级贡献优秀图书者，可获得一分；

2. 对班级人气杂志内的文章有独到新颖的评价者，可获一分；

3. 积极参加班级征文及其他征文比赛者，可获三分，比赛获奖者可得五分；

4. 参加其他对营造读书氛围有益的活动的，将酌情给分；

5. 得分最高者将获得“BOOK奖”，其他优秀同学我们也将颁发相应奖项；经过班级自促会商议，优秀学生可获一定的“考核等第”加分。

（四）我们班的推荐书目

每人选出自己最喜爱的一本书，用原创的一段话推荐一本读过的好书，介绍书中传达的核心价值观，以及它是如何引领自己成长的。

（五）招募“楼道学生书吧志愿者”

楼道学生书吧“致远书廊”就在我们班旁，所以理应由我们班出志愿者管理这个书吧，这也是“敢为”的一种表现。现在需要招募一名管理图书的志愿者，志愿者要求：1. 喜爱阅读；2. 有志愿服务精神；3. 学习相关图书管理规范，按要求做好相关工作。

五、小结

陈思媛：没有书香的班级不是一个理想的班级。阅读本身就是一件令人快乐放松的事，犹太人父母会在孩子的书本上涂上蜂蜜，为了告诉孩子：阅读是甜蜜的。从书本里得到一些东西，有时它无关名利，无关分数，却往往影响着一个人的一生。谢谢大家！

班级优秀书刊推荐

《遇见未知的自己》《亲爱的安德烈》《物理百科》《痛并快乐着》《数学哲学》《追风筝的人》《视觉之旅：神奇的化学元素》《中国国家地理》《行天下》《做最好的自己》《每天学点经济学》《辛亥：摇晃的中国》《近代中国社会的新陈代谢》《每天读点中国史》《傅雷家书》《巨流河》《钢铁是怎样炼成的》《野性的呼唤》《平凡的世界》《论语》《蝴蝶梦》《百年孤独》《活着》《电脑爱好者》

图书馆日活动

暑假时间，由于学校在全面维修，我们班的家委会组织同学去嘉兴市图书馆开展“返校日”活动，学生不仅做志愿者，为图书馆整理了少儿书籍，而且相互检查暑假作业，并选做了一些高考题。

唐怡清同学在全国赛区“青少年《随想录》朗诵大赛”获奖

8月11日，上海徐汇区的老房子艺术中心，一群朗读爱好者在此云集，巴金故居“青少年《随想录》朗诵大赛”全国赛区的颁奖典礼在此隆重举行。高三（4）班唐怡清同学以良好的朗读技巧和对巴金《随想录》的深刻理解，凭借《愿化泥土》取得了嘉兴赛区二等奖。在随后的全国赛区比赛中，取得了三等奖的优异成绩。唐怡清同学在赛后也感慨颇多。通过这次比赛，她“感受着来自‘另一个时空’的平凡与伟大，感受到了巴金老先生的人格魅力”；经过专家的指导点拨，她明白了“在你朗诵时，你所诵读的每一个字都有它的由来，都有它自己独有的温度；朗诵是对文学作品的有声表达，是对文学作品更进一步理解的外化。”

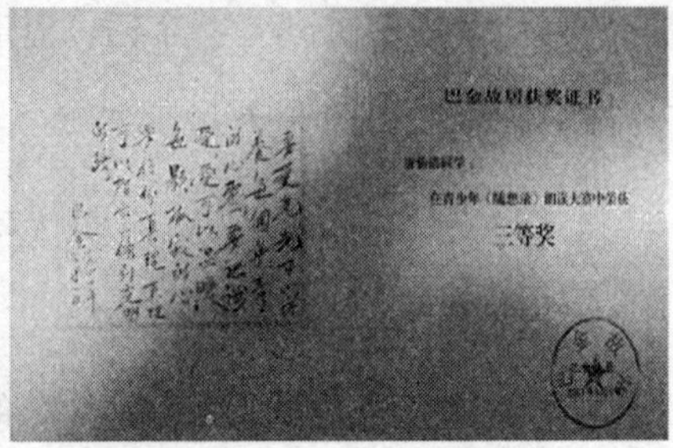

学生读书感悟

我打开书，抚摸着上面一个个动人的精灵，心不觉一阵悸动。书香在心头荡漾开来，我仿佛有了深山中智僧参禅悟道的玄机，仿佛看到了江南被风吹皱的一江春水，我的眼眸变得明亮，笑容在嘴角绽放。在这书香中，我已明白了一切。（陆雯莉）

【周末家庭会议】

1. 亲子阅读。亲子阅读就是以书为媒，以阅读为纽带，父母和孩子一起读书。和父母一起制定亲子阅读书单。书单可以分为三类：第一类是适合我们读的书；第二类是适合父母读的书；第三类是适合我们与父母一起读的书。开展亲子阅读，在读完一本书后，和父母一起就书中的一些内容进行交流。倡导家长做学习型家长，与孩子共成长。

2. 让父母监督孩子，减少玩手机的时间，用以阅读经典，摘抄美文。

【教育反思】

我最喜欢的一句话是："读书，像呼吸一样自然。"引导学生喜爱上阅读也是班主任"润物细无声"式教育的重要组成部分，是打造幸福教室的必备条件。推荐适合学生阅读的书目、开展班级图书"BOOK"奖评比、撰写读书心得体会、组织学生朗读比赛等丰富多彩的活动形式，引导学生把玩手机的时间用来阅读，有计划地阅读经典、阅读感兴趣的科技类文献，以提升自己的综合素养。

敢于担责：成人节

时间：12 月 9 日

高三学生在从日益增长的自由中获得任性的快乐的同时，也应当知道自己需要面对日益加重的责任，以及日益增长的不那么诱人的义务。十八岁成人仪式是一种很好的载体。成人仪式可以激发莘莘学子的自豪感和责任感，激励他们以火红的青春拥抱美好的时代，用热情的双肩担起社会的责任。

第一部分 《18 岁的青春》微型班会

18 岁，朝气蓬勃的青春；18 岁，甜美芬芳的年华。18 岁有着火一般的激情与铁一般的意志，它是一个人走向成熟的标志，是人生一个崭新的起点。责任的承担，是每一个人的义务，也是人存在的价值。

一、古今成年礼仪

古人将成人礼仪看作青少年人格养成教育不可缺少的一环，其中的合理成分值得我们继承和发扬。华夏民族传统的成年礼，为男子冠礼、女子笄礼。冠礼：古代男子成年的仪式，表示男青年至一定年龄，性已经成熟，可以婚嫁，并从此作为氏族的一个成年人，参加各项活动。华夏先祖对于冠礼非常重视，所谓“冠者，礼之始也”。笄礼：古代女子成年的仪式。笄，即簪子。自周代起，规定贵族女子在订婚（许嫁）以后出嫁之前行笄礼，一般在十五岁举行。

当今社会，18 岁成人仪式教育活动是共青团组织在 16 ～ 18 岁青少年中倡导开展的一项公民素质教育活动。每年都有大批的学生踊跃参加这项活动。在举行仪式前，18 岁青年应掌握 18 岁成人的应知应会，知道成人誓词的含义；知道公民的基本权利和义务；知道成人仪式的基本内容；知道成人仪式的主题歌。

二、责任是什么

播放“最美司机”杭州长运集团大型客车司机吴斌的故事（视频播放）。看完司机吴斌的事迹，你有何感想？从吴斌身上，你感受到了何种高尚品质？吴斌作为责任典型，榜样示范，是敬业精神的完美体现，使学生产生积极的情感体验，强化学生的责任感教育。

三、18 岁的责任

18 岁是成熟的标志，犹如一艘白色的帆船已经起锚，乘风破浪前行。18 岁意味着责任，意味着担当，意味着强烈的责任感和使命感。马克思曾说过：“世界上有许多事情必须做，但你不一定喜欢做，这就是责任的涵义”。

大家说说，我们班级的“口头禅”是什么？“My responsibility!（我的责任）”。

我们的班级精神是“敢为”精神，就是敢于尝试，去努力突破自己，发掘自己的潜能，而“敢为”必须要“敢当”，自己的责任自己勇于承担。下面，学习小组讨论一下，作为中学生的我，都有什么责任呢？每小组推荐一人讲讲中学生的责任。

生 1：中学生的首要责任是学习。

生 2：尽管中学生的首要任务是学习，但同样要参加必要的劳动，多锻炼身体，增强体质和社会责任感。还要发展兴趣爱好，成为对社会有用的人。

生 3：我们要对家庭负责，对班集体负责，对社会负责。是父母养育我们长大，是班集体提供我们学习成长的平台，而社会则是我们赖以生存的大环境。

下面请一位同学朗诵下面的《责任》：

责任，是先做该做的事，再做喜欢的事；

责任，是把事情记在心上，还敢于付诸行动；

责任，是服务他人，服务社会，尽心尽责，
这样社会才能更好地服务我；
责任，是善待环境，家园因此变得更加美丽；
责任，就是你负责，你也终将收获人生大礼。
我们的责任是全方位的，
要对自己、对他人、对社会、对环境负责。

四、学习校友张华明的创新创业之路

社会在进行大变革，已经进入大众创业、万众创新的新时代，任何一个人都可以参与到创新当中去。在十八岁成人之际，我们通过学习先进典型、亲身创业实践、创业素质测评等，培养学生创新创业的意识，提升创新创业能力。

雅莹集团股份有限公司是我校校友张华明成功创业的典型，他的故事是一笔宝贵的教育资源。

雅莹集团股份有限公司，前身是1988年由张华明先生的父亲张宝荣承办的洛东红政服装厂，以生产销售男士衬衫和丝绸加工为主。随后，张华明跟随父亲，1995年注册了“雅莹”商标。1996年张华明正式接任公司总经理一职，开始企业转型升级，立志打造高品质的女装时尚品牌。

2004年，通过与国际公司的合资合作，全面引入时尚前沿的国际化品牌运作理念，使得雅莹的发展与世界女装潮流同步。在信息化管理、人力资源建设、供应链建设、渠道模式创新、商业模式创新等多方面引领变革，为集团化运作打下了扎实的基础。目前集团旗下拥有自主时装品牌EP雅莹、贝爱DOUBLOVE、恩派雅N.Paia；精品零售集合店品牌大雅家DA YA JIA、雅斓名店GraceLand及小雅童装LITTLE SPACE。集团已在北京、上海、广州、深圳及澳门等210多个城市开设优质门店，并拥有出色的线上销售网络，公司成功跻身“浙江省创新型示范企业”行列，“雅莹”商标成为

“浙江省著名商标”，被ELLE时装之苑入选为“最美的中国品牌”，获中国服装协会“中国服装品牌年度营销大奖提名奖”……

雅莹集团股份有限公司不断进行自主创新实践：（1）品牌创新树旗帜。品牌创新作为雅莹集团转型升级的核心和起点，共经历了两次跨越。第一次是从产品经营向品牌经营的飞跃；第二次飞跃，即开启多品牌经营新阶段，企业把“雅莹”打造成了富有文化内涵的全国十大女装品牌之一。（2）价值链创新促升级。雅莹集团深谙“微笑曲线”原理，将更多的岗位和发展空间留给具有创新灵感的人，走出了一条“哑铃型”员工的发展之路，从而形成公司核心竞争力。（3）管理创新强筋骨。与全球著名的人力资源管理公司“翰威特”进行了长期的战略合作，引进开发东软公司的慧鼎人力资源系统，构建具有雅莹特色的“岗职升迁体系”“级差薪酬体系”“绩效考评体系”三大体系。

公司积极开展各项社会公益事业，雅莹奖学金就是张华明先生出资赞助的嘉兴四高第一个企业专项奖学金。该奖学金用于奖励品学兼优的在校学生及高考上一本线学生。雅莹奖学金的设立充分体现了现代企业重视教育、尊重知识、尊重人才的文化理念和积极回报社会的责任感、使命感。

高三（4）班雅莹奖学金获得者

校友张华明的成功创新创业实践和公益精神，必将勉励同学们刻苦学习、顽强拼搏，不断树立自信、自强、自立的人生信条，在人生道路上更多地创新创业，早日成为国家和社会需要的优秀人才，以回报父母的养育和学校、社会的培养。

第二部分　学校十八岁成人仪式

参加十八岁成人仪式，就是要让自己学习长大，学会担责。

一、领导寄语

希望同学们牢记时代赋予的使命，以这次成人仪式为新的起点，珍惜美好的时光，满怀信心地去迎接时代赋予你们的机遇和考验。

二、戴成人帽和成人徽章

现场领导为学生代表佩戴上成人帽和成人徽章，并寄予最美好的祝愿。

三、宣誓

全体成人学子面对国旗、庄严宣誓。

四、家长代表和学生代表发言

五、诗朗诵和歌曲

诗朗诵《十八岁，启航》和歌曲《我相信》传递青年学子的坚定信念：“十八岁，我们告别幼稚，拥抱成长；我们告别幻想，拥抱理想；我们告别青涩，拥抱成熟；我们告别任性，拥抱担当……我们背上充实的行囊，坚定且潇洒地走在成人的路上！”

六、过“成人门”

在家长和老师们满含祝福和期待的眼神中，同学们手牵手步入“成人门”，踏上广阔的“成才路”。

七、写下成人节的感悟

第三部分 班级拓展教育

在学校十八岁成人仪式教育后，我们趁热打铁，又进行了拓展教育，以巩固教育成果。主要通过三则“入党”小故事，让学生提前树立一种敢于“先进”的意识，形成正确的入党动机。

事迹一： 周恩来的入党时间

周恩来在天津投身并领导五四运动，被反动当局逮捕入狱，出狱后就赴欧留学。1921年，周恩来旅欧的第二年，由张申府、刘清扬两名党员考察后找其谈话，然后报告国内的陈独秀，陈独秀同意后，他就成了一名正式共产党员。因为我们党还处于创建初期，党员入党既不填写表格，也无宣誓仪式等后来党章上规定的程序，所以他的入党时间也就没有文字档案记载。

事迹二： 悬崖上的入党仪式

狼牙山“五壮士”在跳崖之前，身为副班长的葛振林和班长马宝玉交谈了几句，马宝玉便从口袋里掏出一个小本子，放在膝盖上匆匆写着，然后对大家说：“我和葛振林是共产党员，以前我们俩对你们帮助不够，没有培养你们入党，这次战斗证明你们三个人都具备了一个光荣的共产党员的条件。以后同志们能找到我的尸体，就会在我的衣袋里发现我和葛振林介绍你们入党的信。现在，就让我们用实际行动，表达我们对党的无限忠诚吧！”

1958年，狼牙山地区的人民在棋盘坨上修建了“狼牙山五勇士纪念塔”，聂荣臻元帅亲笔题词：“视死如归本革命军人应有精神，宁死不屈乃燕赵英雄光荣传统。”

事迹三： 班主任介绍大学同学的入党志愿书

1997年我大学毕业，那时的我思想还不够先进，虽然写了入党申请书，但还没能够加入党组织。

右图是我的一位大学同班刘同学的入党志愿书的一部分。她是一位女生，在大学阶段表现相当优秀。她人长得比较清秀，最大特点是非常自律，做事很有分寸，不管是在学习上还是在学生会工作中都有上佳表现，每年都能获得一等奖学金，是我们男同学心目中的“女神”，也是女同学们学习的榜样。图中落款处的总支部书记陈淼森是我们的数学系系主任。

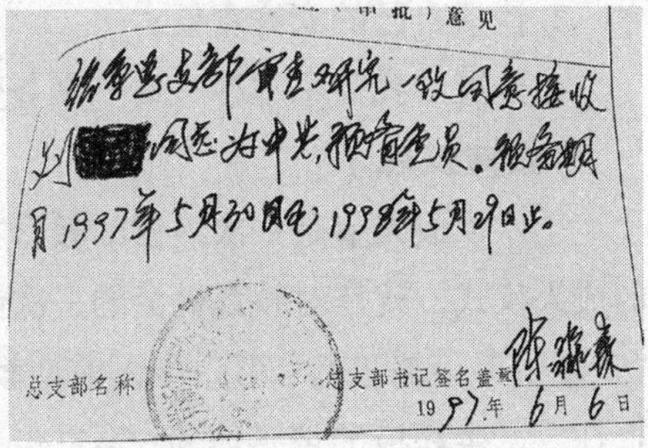

（审批）意见

经党总支部审查研究，一致同意接收刘█同志为中共预备党员。预备期自1997年5月30日至1998年5月29日止。

总支部名称　　总支部书记签名盖章　陈淼森

1997年6月6日

小结：入党是一个人精神境界的追求，也可以看出一个人政治上是否成熟。虽然现在高中一般不发展学生党员，但要求入党体现了一个人的政治态度，一种勇于进步的精神追求。

要求：

1. 参加中学生业余党校的同学应做为同学们的表率，努力学习，争取早日入党；没有参加业余党校的同学尽快写入党申请书，并交给团支书，平时注意自己的言行举止，以更高的标准严格要求自己。

2. 每人写出自己的责任，包括个人责任、家庭责任、班级责任、社会责任，并进行组内交流。（第一层面：以对自己负责为起始点，学会求知。第二层面：以对父母负责为基本点，学会感恩。第三层面：以对他人负责为凝聚点，学会做人。第四层面：以对社会责任为制高点，学会奉献。）

3. 开展“我为社会尽一责”志愿者服务。给两周时间，每位同学利用双休或在校时间完成志愿服务（做一件好事）活动，并填写志愿服务表。

学生写入党志愿书

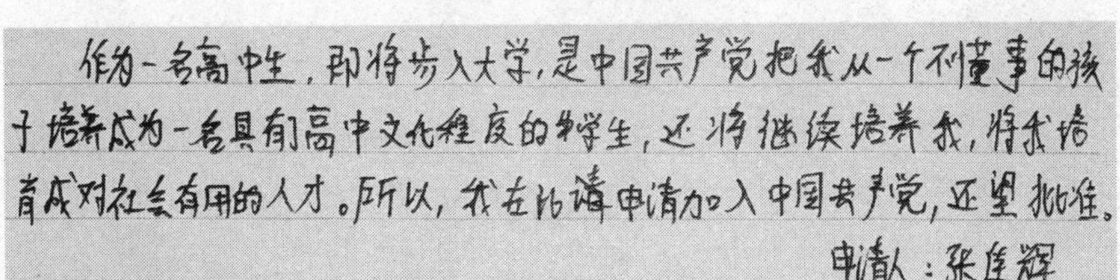

作为一名高中生，即将步入大学，是中国共产党把我从一个不懂事的孩子培养成为一名具有高中文化程度的学生，还将继续培养我，将我培育成对社会有用的人才。所以，我在此请申请加入中国共产党，还望批准。

申请人：张彦辉

【家庭会议】

1. 大人说说自己成年与未成年时的区别，在不同时期对一些事物的看法有何变化，孩子说说自己将来要成为的样子；

2. 谈谈身边的优秀共产党员的事例；

3. 谈谈自己的家庭责任；

4. 开展“我为家庭尽一责”义务劳动，每个家庭成员都参加。

【教育反思】

十八岁成人节是一次绝佳的教育契机，如果学生仅仅只是参加了学校组织的成人仪式，就是对教育机会的一次严重浪费。本课例通过学校主题活动班级“三步走”策略进行：第一步，前期教育，通过主题班会使学生明晰十八岁的责任，产生积极的情感体验；第二步，参加学校举行的十八岁成人仪式；第三步，进行拓展教育，对学生提出了“入党”这个更高的人生政治目标，在学生自愿写入党申请书的过程中，端正入党动机，激发学生成才报国的意志和决心。

对当代中学生责任感的教育非常重要，应当引起班主任的足够重视。青少年责任感的形成是一个从低水平到高水平、从静态到动态螺旋式提升的过程。通过明确责任—强化责任—实践责任，增强学生的责任感和使命感，使人的精神面貌焕然一新。

学习榜样：偶像剧

走近偶像，从偶像身上汲取精神力量，给自己精神充电，可以启迪人生智慧，丰富内心情感，树立正确的人生观、价值观。让学生自己选择偶像，用偶像的事迹进行教育更有说服力，学生更易于接受。同时“偶像剧”是一个学生展现自己的舞台，在“偶像剧”的表演中提高表演能力和表达能力。

以周恩来、宋仲基为偶像，乍一看似乎反差特别大，可正适合“00”后这个承上启下的新时代青年——既不忘革命先烈，又努力接受新时代的青年。自从周恩来被选为班级偶像后，除了“多彩408”这个名号外，我们又有了一个响亮的名字：“恩来班”。在这里，我们将深入学习敬爱的周恩来总理的革命理想和先进事迹，以此来激励同学们奋发敢为，勇于拼搏，为实现自己的梦想而不懈努力。

在班主任设计好主题班会后，学生又进行了适合学生特点的改造提升，使班会课的教育意义更加凸显。

第一部分　班主任设计主题班会课

我们每个人都应该有一个能给你人生积极指引的榜样人物。如果你已经有了，那么赶快向着他的样子，努力地靠近吧！班会主题：平凡中见伟大。

一、课前准备

（一）每位学生确定自己的偶像，学习偶像的优点

（二）提高自己的模仿表演能力

介绍提高模仿表演能力的办法。找一面镜子，或者是颜色深的玻璃（较大的，能看到全身的）仔细观察自己，看自己的表情、动作和神态。把要模仿的人的视频录下来，反复不停地看，认真观察要模仿的人的特点，抽象出他的漫画形象。分析自己与要模仿的人的区别，想象那些不像的地方，多次模仿直到像为止。声音的模仿要多听，边听边说，不断重复。如果真的喜欢表演，则应该进行系统地学习，如参加播音主持培训班、表演培训班等，还要多参加一些活动，来锻炼自己的舞台表演能力、自信心等必需的素质。提升表演能力和播音主持能力，可以为报考大学就读播音主持专业做准备。关于训练场地，学校舞蹈教室有一面大镜子，同学可去那里进行练习。

二、班会过程

（一）理性看待追星现象

偶像崇拜是青少年对人生追求的体验，是生理及心理成长的一个重要过程，每个时代的青少年都有自己人生的理想，心目中追求的人生目标和偶像，当前的追星也是这样。

大多数明星都有一技之长，或在体育竞技上，或在艺术上。加上其外观或英俊潇洒，或风姿绰约，体现了美的风采，使青少年从明星的身上看到了自我实现的希望。另外，在充满变化的社会里，学生学习负担很重，升学的压力、竞争的压力，都压得很多学生喘不过气来。所以，当明星进入学生视野后，他们就会情不自禁地去崇拜和追随。

有相当一部分年轻人追星和崇拜偶像时，有自己独特的见解。他们没有盲从，能正确分析偶像的优点和不足，追星是为了追求明星的亮点，学习明星好的东西。

（二）介绍班主任的偶像

先猜一下班主任张老师的偶像。张老师的偶像是随着阅历的丰富而不断变化的，他们是我不同时期心目中学习的对象、前进的方向。

中学时期偶像是邓小平，他是中国社会主义改革开放和现代化建设的总设

计师，是中国共产党的第二代领导核心。

大学时我最喜欢的球星是NBA的迈克尔·乔丹。我对乔丹在球场上的精彩表演、投球的高超本领钦佩不已。但更使我佩服的是乔丹的优良品质，有一次乔丹已发高烧近40度，在球队连连失利的情况下，他不顾痛苦毅然投入战场，帮助球队反败为胜。他的这种英雄气概使我暗下决心，一定要学习乔丹坚忍不拔的毅力，做一个坚强有为的人。

在做了教师以后，非常喜欢美国的雷夫·艾斯奎斯老师。雷夫老师充满爱心与智慧，他开办的“第56号教室”，让学生在其中快乐幸福地成长，全国测试成绩高居全美TOP5%，培养了大批进入哈佛、斯坦福等美国常春藤大学的学生。

美国有“第56号教室”，我们有“多彩408”教室。张老师的教育理想：在“多彩408”教室里，培养出令我仰慕的学生，每一位学生都成为社会的栋梁之才。

（三）学生模仿表演

各个小组进行表演PK赛，以同学们鼓掌声的分贝量作为得分高低的评判标准。各组安排一到两位学生表演偶像的动作神态，让同学们猜这个偶像的姓名。同学如果猜不出来，可以适当提醒，直到猜出为止。

学生介绍自己的偶像，说出他（她）最值得学习的地方，同时，还要说出自己最欣赏的偶像的名言。

（四）投票选定班级的偶像

班级偶像是班级的标志之一，可以是历史伟人、革命英雄，也可以是名人明星。班会课前，班长曾敏烨、团支书周静雯组织召开班干部会议，确定班级偶像的初选名单：①邓小平；②周恩来；③陈省身；④岳云鹏；⑤科比；⑥丰子恺；⑦金庸；⑧宋仲基；⑨周杰伦；⑩曼德拉。班会课上，让每位学生从初选名单中选出一人作为班级偶像。

（五）偶像剧的强化版

1. 每个人重新定位自己崇拜的伟人或喜欢的名人，个人偶像可以不在“多彩408”初选偶像中。每个人做到“五个一”：

（1）必须有自己的伟人偶像，以激励、鞭策自己；（2）要有一本这位伟人的传记放在抽屉里；（3）看一部介绍这位伟人的纪录片；（4）摘抄一句伟人讲过的对自己启发最大的名言，贴在床头；（5）进行一次角色扮演，模仿一次伟人，从神情容貌到举手投足、为人处事。

2. 考前精神充电。关于自己的伟人偶像，与学习小组内同学交流一次，赞扬你的偶像的“好”。每隔一定时间，尤其在各次大型考试的中段时间和临考前，利用班会课时间，组织学生“精神充电”：想想这位伟人是如何面对学习，面对生活，面对工作的；想象自己进入伟人偶像的角色：一个手势，一个眼神，一句话语，力图细节突显，形象传神。用偶像的“正能量”激励自己，磨炼意志，奋发有为，改掉自己的坏习惯。

班会课学生主持稿

主持人：周静雯　王陆斌

（王）首先，应我们一位组员的要求，介绍一下她的偶像，一个有颜值、有身高、有长腿的人。我们的组员可是满满的福利啊！先看一张照片，并结合我的表演和他的经典语录来猜猜看他是谁吧。

猜到了吗？虽然他说过的话可能不是很有名，但仔细琢磨，你会在字里行间发现他的性格特点。

猜对了！他就是吴亦凡。看这发型是几乎光头了啊，可还是那么帅，据说光头还帅的人才是真的帅，哈哈我也这么觉得。现在我们来看一看这个帅气男孩的经历吧。大家都是“90后”，也许会有些共同的体会。

看起来他的事业、人生很是成功，但其实还是充满坎坷的，比如与SM公司打官司等，通常公众人物只会展现给大众成功的那一面，曲折坎坷一般都会被忽略，毕竟人性使然。好了，由于时间原因，这些我们就不一一深入了。我们需要了解并学习的是他对自己能够有一个很好的定位，能够把握住各种机会，能够对自己的梦想坚持不懈，参加NBA全明星赛就是一个很好的体现。

既然说到了篮球，我们就来说说篮球明星吧，相信大多数男生都是喜欢篮球的吧。考验你们男生的时候到了，猜猜看照片上这两位篮球明星都是谁吧，当然，也还是由我来给大家表演的！

（照片打马赛克，露出身体的一部分）

啊，果然运动的时候表情都是有些狰狞的，不过这可丝毫不影响观众对他们的喜欢啊。

没错，左边的是科比，右边的是库里。我非常喜欢他们二位。

我觉得这时候应该有一位热爱篮球的男生来简单介绍一下他们。

这位男生介绍得很好，我们应该学习两位球员的精神，无论学习还是运动，还是今后走上社会去工作，我们都需要以饱满的精神，充分的热情来对待每一个人、每一件事。接下来我们来看两段简短的视频，关于科比进球。

看起来连周静雯都已经热血沸腾了，更别说在场的男生了吧。

（周）其实我也很喜欢篮球的，只是后来更喜欢羽毛球了，现在还是很喜欢看篮球赛的。

（王）介绍到现在都是男士哦，下面我们介绍一位女士，可能她不怎么漂亮，也没有什么家庭背景，但她真的是靠自己一点一点的努力而走到今天。那我们就来猜一猜她是谁吧。我们请一位嘉宾为我们表演一下。

这是比较早期的照片了，结合一下叶靖怡同学的表演和她的语录，猜得出来吗？

（周）不知道你们是什么时候在荧屏上看到她的，我最初看到她是在一档名叫《我爱记歌词》的栏目中，当时很爱看这个节目，是她和华少一起主持的。虽然现在她由于一些我们不知道的原因而离开了浙江卫视，进入到了别的电视台，进行了其他的一些活动，比如拍戏等。但是我还是能够看到她对主持的坚持，对生活的热爱。我曾看到她微博里发过她打拳击和日常晨跑的照片，她应该是很热爱运动的。就像人们评价的那般，她笑对生活，不会被困难与挫折打败。

（周）怎么感觉气氛有些沉重呢？下面我们来介绍最后一位偶像了。说偶像啊，他可是当之无愧，现在的他可是人们茶余饭后谈论的重点啊。这么多关键词，猜到是谁了吗？再让王陆斌给我们做点动作吧，大家一起猜猜看。

没错，他就是宋仲基。我知道在座的男生都对他不熟悉，甚至会有一些抵触情绪，我也不曾想到我会喜欢明星，因为我向来对明星抱有不喜欢也不讨厌的态度，但是真的，他真的很优秀。下面来看看他的事迹吧。

其实这些肌肉是在他当兵的时候练出来的。众所周知，在韩国，每一位男性都必须服兵役，无论你是否是公众人物。到了宋仲基服兵役的年纪后，他没有选择像其他艺人一样只当一名文艺兵，而是凭借自己优秀

的新兵训练成绩被派往前线部队——死亡率最高的部队22师团，去接受高强度的训练，进行侦察任务，与此同时，他也成为了唯一一个进入22师团的艺人。是不是觉得他特别厉害？

谢谢你们的聆听，我希望我们对偶像不是只抱着看颜值的态度，我们更需要关注的是我们偶像的内涵，比如为人处世、待人接物，这些是我们做人的必修课。愿我们的偶像能够激发我们的动力，引领我们走向成功。

第二部分　拓展教育：播音主持爱好者

对于播音主持爱好者或想报名大学的播音主持专业的同学来说，参加学校广播站是提高自己播音主持能力的绝佳途径。

一、播音主持需要具备的心理素质

（一）丰富的情感与移情能力

在播音过程中，要根据稿件内容，渗入自己的思想感情，使节目具有丰富的感情色彩和感染力，引起听众的共鸣。

（二）积极良好的心态

只有积极良好的心态才能调适播音主持过程中的心情、保持工作中愉快的心境。

（三）很好的应变力和控制力

在节目播出时要有能力应对突发的各种情况，如突然无法播放背景音乐等，能够迅速排解紧张情绪，尽快恢复正常状态。

二、广播站新成员招募与培训过程

9月：招募新成员。需要准备：中文播音面试以新闻稿为主，初试准备6篇、复试4篇；英语难度适中的小短文，初试4篇、复试2篇；

10月：新成员培训。以传授播音技巧为主，如处理不同的播音材料的方法，寻找播音中存在的问题等；新成员设计一期节目，创意合格才有上岗机会；

11月：成员逐个培训。以成员逐个培训为主，在播音员上岗前三天对节目内容、播音技巧、应变能力进行把关，直到合格才准许上岗；

12月：新成员自主栏目的指导，新节目的改版工作。

三、广播站栏目设置

文学组：强调主持人本身的文学修养，增加青春元素，贴近听众；

新闻组：栏目形式要专业，流程要规范，开篇词要干净利落、简洁明快；

娱乐组：严格控制播音内容，杜绝娱乐八卦，内容流行与经典并重；

英语组：栏目简洁明快，英文发音标准，有韵味。

“多彩408”偶像

伟人：周恩来　明星：宋仲基

【学生偶像剧感言】

世界上最可怕的事，莫过于比你聪明的人比你还努力，而不是你不够努力。愿“多彩408”的同学们能拥有学霸偶像的魄力，拥有风雨兼程的努力，来博取青春与年少。（陆雯莉）

【父母的偶像】

妈妈跟我说，在她6岁那年发生了一件大事，那也是她童年时期印象最深刻的一件事。村子里突然多了很多人，有很多花圈陆陆续续被摆了起来，还有各种悲怆的乐曲声不间断地传来，妈妈不知道发生了什么，只知道也许是有人去世了。后来才知道，并不仅仅是有人去世那么简单。去世的人叫——毛泽东。妈妈不是第一次听到这个名字，而是几乎从有意识开始，这个名字就不断在她的生活中出现，伴着光辉和神圣。当村长要选孩子给毛主席的牌位献花的时候，妈妈几乎没有一点犹豫就举了手。那是妈妈第一次在一张大大的黑白照片中见到了那个一直被老人们提及的伟大人物，而他生前的种种光辉事迹，也被妈妈深深记在了心里。直到今天，她还会把从她孩童时代开始，直至今日崇拜的偶像拿出来与我们分享，分享她当日难以平复的心情。（杨婷）

【周末家庭会议】

1. 每人谈谈自己青少年时期的偶像，重点是从偶像身上汲取的精神力量；

2. 全家人一起看孩子偶像的纪录片，家长进行恰当的评论引导。

【教育反思】

班主任主持的主题班会与学生主导的主题班会有明显的不同，最大的区别是学生主导的主题班会有鲜活的生命力，立足于学生的自我认知与自我成长，更贴切学生的实际，避免了班主任说教式的、刻板的“唠叨”，深受学生的喜爱，学生从中获得的成长自然而灵动。自己教育自己，这是一条最好的教育路径。班主任设计好班会课教案后，让学生进行“把关”，是提高主题班会实效性的必要条件。

我们这堂主题班会课用了“偶像剧”这一形式，给学生一种新鲜感，吸引学生参与其中，引导学生树立学习进取的榜样，追求未来理想中的自己。

在日常教育过程中，用班级偶像周恩来的事迹进行教育渗透，用红色文化进行滋润熏陶，学生更容易从内心接受。

成长机会：做好自己

在生活中，我们都是独立的个体，如果每个人都做好了自己，我们的集体也会变得无比强大。由于这阵子班级寝室扣分情况比较严重，在别的寝室扣分时我们的寝室有扣分，在别的寝室不扣分时我们也有扣分。为此，我们召开“做好自己”的主题班会。班会由生活委员潘蕾蕾主持。

一、情况通报

为了向同学们通报近期班级现状，班级自促会会长戴王磊制作了 PPT 课件，通过照片、表格等形式进行形象生动地展示。

（一）展示《住校生寝室卫生、内务、纪律情况记录表》

嘉兴第四高级中学住校生寝室卫生、内务、纪律情况记录表

楼号 5　　　　　　　　　　　　　　　　　　　　年 11 月 5 日

班级	寝室号	床位号	扣分	扣分原因	表扬原因
高三 4班	201		0.5	阳台上脏脚印，头发没扫干净 卫生间头发没扫干净	
〃 7班	209		0.5	阳台上 门口地面头发都没扫干净	

……

扣分记录表显示，我们班寝室有“阳台上有脏脚印”“头发没有扫干净”“卫生间灯未关”等情况。

（二）分析寝室扣分情况

画柱状图，将前面一段时间的扣分汇总在一起，并与其他班级进行对照，引导学生学会理性分析。

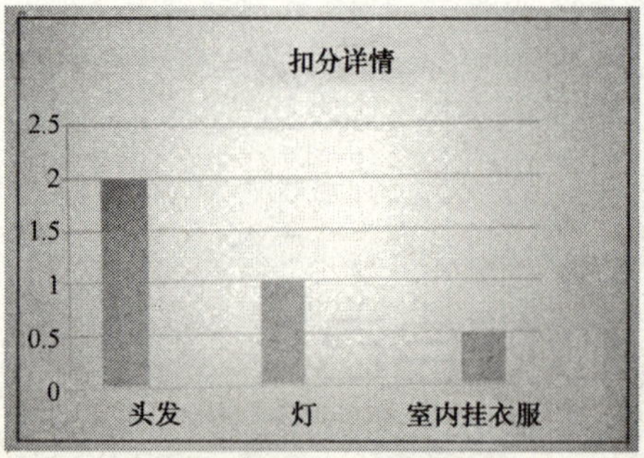

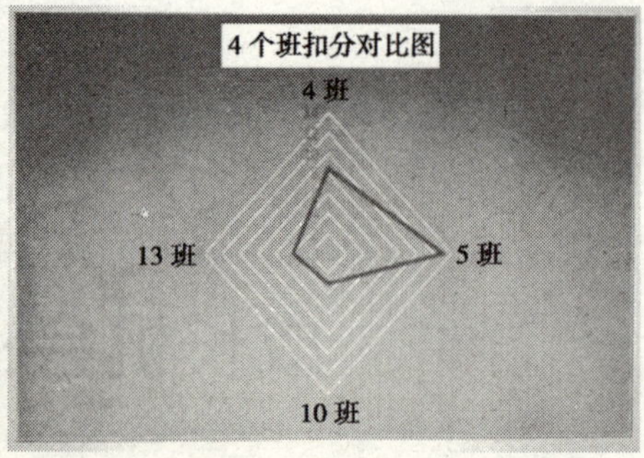

说明：5班扣分多，是因为有学生玩手机被年级部发现。

（三）对比不同时期班级卫生照片

对比不同时期的照片，给学生以强烈的视觉冲击。

高一新生军训时的内务整理的照片	⟷	寝室里扣分处照片
新搬家时的教室课桌照片	⟷	现在教室课桌的照片
新搬家时的教室地面（角落）照片	⟷	现在教室地面（角落）的照片
清扫后的卫生包干区照片	⟷	没有清扫的卫生包干区照片

二、讲述故事

好习惯故事：

20世纪60年代，苏联发射了第一艘载人宇宙飞船，当时要挑选第一个上太空的人选。几十个宇航员去参观他们要乘坐的飞船，进舱门的时候，只有加加林一个人把鞋脱了下来。他觉得这么宝贵的一个飞船舱，怎么能穿着鞋进去呢？就加加林的这一个动作，让主设计师非常感动，他想：只有把这飞船交给一个如此爱惜它的人，我才放心。在他的推荐下，加加林成了人类第一个飞上太空的宇航员。

不良习惯故事：

一根小小的柱子，一截细细的链子，拴得住一头千斤重的大象，这不荒谬吗？可这荒谬的场景在有些国家随处可见。那些驯象人，在大象还是小象的时候，就用一条铁链将它绑在水泥柱或钢柱上，无论小象怎么挣扎都无法挣脱。小象渐渐地习惯了不挣扎，直到长成了大象，可以轻而易举地挣脱链子时，也不再挣扎……

讨论分享问题一：第一个故事中，你认为主设计师的决定有道理吗？为什么？

讨论结果：因为脱鞋子这么一件小事实际上体现了一个人的修养。一个人的素质高低往往能在一些很细微的小事上表现出来，可以说小习惯体现了大修养。因此，主设计师的决定是英明的。

讨论分享问题二：第二个故事中，如何避免“大象可以轻而易举地挣脱链子却也不再挣扎”的这种现象？

讨论结果：一个人应当不断地学习进取，发扬“敢为”精神，勇于尝试新事物，以自己丰沛的学识冲破自己的“个人舒适区”，到达成功的彼岸。

好的习惯可以使我们受益终生。虽然寝室扣分是“小事”，但这反映了一个人是否有良好的生活习惯和同学们寝室生活的状态。

三、学会自律

这个环节由生活委员负责。

一个人要想成功，跟他能不能自律有着非常紧密的联系。自律就是抵抗外界诱惑、自我约束的能力。不自律的学生会无所事事，在一些无谓的事情上浪费宝贵的时间，很容易一事无成。

（一）小品表演

班长组织两位男生表演小品《做好你自己》。一位男生是“任我行”同学，一位男生名字叫“认真学”。

自修课上，任我行和认真学两位同学正并排坐在座位上写作业。一会儿，任我行起身，去教室前面的饮水机上倒水，回来的路上故意发出“啪啪啪”的脚步声音。回到座位后，任我行对认真学说：“今天班主任外出培训去了，而且作业又少，不如我们一起出去打篮球吧？”认真学在认真地学习，并没有理会任我行。任我行觉得很无聊，就到课桌里翻东西，有一张废纸被带了出来，掉到地上。但他好似什么也没有看见，而是拿起自己的橡皮在手里把玩起来，抛向空中，然后接住。后来觉得不过瘾，就索性跑到教室的后面玩起了篮球。看着没有人理会他，他又回到了座位。而他身边的认真学一直在埋头做作业。任我行也拿出了自己的作业本，连续做了两道题目都很难，没有做出来。他对认真学说：“你的作业让我参考参考。”认真学回答他：“你先看一下今天老师讲的例题，你就会做了，题型是差不多的。”但是任我行却不肯，从认真学手里一把抢过作业本，开始抄了起来。

请同学分析小品中“任我行”的不当行为有哪些。

（二）问卷调查

回答下面的问卷，测试你抵制诱惑的能力：

1.“这是最后一次了”是你常用的口头禅。A. 是 B. 否

2. 你经常做出令自己后悔的事。A. 是 B. 否

3. 你总是不等到月底就花完这个月的零花钱。A. 是 B. 否

4. 你是个很好说话的人，说服你不是什么难事。A. 是 B. 否

5. 你经常不能完成自己制定的学习目标。A. 是 B. 否

6. 你时常陷入接二连三的麻烦中。A. 是 B. 否

7. 你时常去幻想那些不切实际的事，并深深地沉溺其中。A. 是 B. 否

8. 你经常赖床。A. 是 B. 否

9. 你的保证与诺言已不太被相信了。A. 是 B. 否

10. 你每次到超市购物都超出原来的购买预算。A. 是 B. 否

评分标准：

选“A”记 1 分，选“B”记 0 分，10 道题的得分相加算出总分。

测试结果：

0～3 分，抵制诱惑的能力较强，这些人能够有效地控制和调节自己，他们的理智常常占上风，对“我想做”与“应该做”的关系把握得很清楚，能够完成一些自我要求，从而对未来的新计划充满信心，但需要注意的是不要对自己过于苛刻。

4～10 分，容易向诱惑屈服，他们的设想和计划常常不能实现。

四、参观“优秀课桌”

在没有经过整理的情况下，每个学习小组同学推选一张“优秀课桌”，然后在各个小组之间进行比赛，由班级自促会和班干部担任评委，选出班级“优秀常态课桌”，拍照记录，并对桌子主人进行适当奖励。

然后，每人对照“优秀常态课桌”，动手整理自己的课桌。

五、班主任总结

俗话说：金无足赤，人无完人。我们最大的敌人就是自己，想要战胜自

己，首先你的自制力必须要强。坏习惯总是在不经意间就养成了，但改变坏习惯却是一个长期、甚至是痛苦的过程。

（一）保持课桌整洁活动

保持课桌整洁美丽21天，找好自己的监督人，多一双眼睛去提醒自己不断进步；

（二）优秀笔记和作业学习活动

学习小组推荐出本组的优秀笔记和作业，进行"最美笔记"和"最美作业"展览；

（三）"我为班级献一计"活动

开展"我为班级献一计"活动，收集优秀治班办法，并落实到班级管理过程中去；

（四）发布《做好自己》倡议书

由班级文明寝室向全班同学发出《做好自己》倡议书，内容主要包括卫生习惯、生活习惯、手机问题等。

"做好自己"，不仅仅是一次主题班会，更重要的是落实到自己的行动上，敢做敢当，管好自己的嘴，管好自己的手，从身边的小事做起，养成良好的行为习惯，做文明中学生。

【我对班级的建议】

1. 早自修好好利用，早读慢一点，大声一点；
2. 晚自修结束前五分钟不要吵闹；
3. 班级凝聚力要加强，好同学带潜能生一起进步；
4. 保持地面干净，空气清新；
5. 希望大家有集体荣誉感，做好自己分内的事；
6. 多拍照留念，高中奋斗的时光，真的很弥足珍贵。

【周末家庭会议】

1. 每人对"你有多自律，就有多美好"谈谈自己的理解；
2. 每个人讲讲好习惯与坏习惯的事例；
3. 每人谈谈自己在哪个方面可以做到更好。

【教育反思】

班主任要做个有心人，在班级遇到实际问题时及时作出回应，通过召开主题班会统一思想和行动。学生的很多问题其实都是发展中的问题，不一定要“上纲上线”，多给学生一个成长的机会可能会更好。教育学生要取法乎上，教师不能降低标准，学生要往上提升，提高自己的目标。

如何管理学生的手机是现在学校和家庭普遍感到头痛的问题。为什么手机有这么大的吸引力？除了互联网上有丰富的资源供学生学习和娱乐之外，更重要的一点是网络游戏、微信聊天等可以满足孩子的社交、情感需求。网易游戏《王者荣耀》对青少年学生有强大的吸引力，很大程度上是因为这款游戏的“社交性质”。作为老师和家长，要重视与孩子的沟通，注重平等的交往。在学校里、在课堂上，老师们更多地营造一种信任、合作的氛围，减少竞争和个人主义的文化对学生的影响，满足孩子的社交和情感需求。学校、班级要开展丰富多彩的活动，以吸引住学生，让学生在与同学、老师的交往过程中获得情感上的满足，促进学生健康成长。

下编

学会学习

班级联体建设——合作共赢

以让别人幸福为出发点，在与别人分享的过程中体会到乐趣，逐渐形成“利他”的行为习惯，是达到幸福彼岸的最佳路径。

走班教学带来了行政班管理功能弱化、教学班管理功能狭隘、行政班与教学班学生管理缺位等一系列问题。“班级学习共同体”把个人主义的学习转化为共同体的学习，成员之间相互影响，相互促进，是实行“三加三”高考模式后的破除走班教学弊病的绝佳途径。我们通过寝室合作组、学科合作组、生涯教育组、名师导航、“三闲”监督组等多种形式，从“互教”到“互学”，营造一种相互信任、乐于合作的氛围，让学生体会到成长的快乐，向着共同的班级目标奋进。

学习先进:“最牛”寝室

每所学校有其自身的独特优势和特色，这些优势和特色正是我们班级管理过程中可以大做文章的地方，这不仅有利于学校特色的做实做强，学校办学理念的落地生根，更有利于学生个性特长的发展，以达成学校育人目标。

我校是全国心理健康教育特色学校，在心理学科基地的教育长廊里，有许多激励人进步的教育展板。在选考冲刺阶段，我们参观了学科基地教育长廊的史上“最牛寝室”，对学生进行自信心培育，形成班级寝室的“小宇宙”“能量场”。

一、参观“最牛寝室”

“史上最牛寝室”是男生7幢401室，它是我校2013届307班创造的，班主任是黄坚刚老师。401室共有7人，其中5人高考成绩上了一本分数线，另外2人上了二本分数线。对于我们这一层次的学校学生来说，这是一个了不起的成绩!

为了能有好的教育效果，在参观之前，我特地到黄坚刚老师的办公室请教，详细了解401寝室的情况，其中5位寝室成员的情况如下:

唐成云:积极向上，乐观主动，人很能干，是班干部。成绩一般，中等偏上，尤其是高一、高二时成绩不理想。但心理素质好，后期进步大。考取了浙江财经大学。

陶月高:比较细致，恒定。学习目标明确，对自己要求高。高中三年一直是一个稳定的过程，心理稳定，思想稳定，不折腾。考取了中国计量学院。

顾晓磊:很聪明，是一个自信的人。乐观，好问，乐于助人。经常帮同学解答难题，他不断帮助别人的过程，也是自己加深对知识的理解，内

化知识的过程。英语差，通过不断努力，补短板。考取了浙江工业大学。

戴建斌：意志坚定，勇于面对挫折。为人踏实诚恳，一步一个脚印，学习刻苦。

吴叶涛：运动健将，国家二级足球运动员。单纯努力，积极向上，全面发展。能处理好运动与学习的关系，在没有训练和比赛时努力学习文化知识。考取了浙江理工大学。

在心理学科基地的“史上最牛寝室”展板上，有同学的照片以及他们对母校的寄语。

我向同学们介绍了寝室几位同学的事迹，还讲了这些学生回寝室后如何争分夺秒，继续探讨问题的情况。同时，也介绍了该班班主任黄老师与学生如何亲密相处，共同进步的一些美好时光。参观过程中，我第一次提出了“寝室合作组”的概念，让学生高度重视寝室同学的生活状态，在自主合作的过程中更好地提升自己。

但是，真正去创造良好的学习环境也不是一件简单的事，它不仅需要寝室中每个成员共同努力，还需要适应每个寝室成员的不同学习特点，需要在具体实践过程中，反复磨合改进。我要求每个寝室召开全体寝室成员会议，就各自学习的特点相互讨论，各自提出建议，根据共同点来制定适合大家的方法，利用好碎片时间进行高效学习。

在参观时，也出现了一些小状况，如部分同学没有准时到达，甚至有个别同学没有到场。这说明我们学生的时间观念、组织性和纪律性还要加强。在班会课上，我第一次以严肃的口气批评了这个错误。

二、采取措施

（一）寝室反思恳谈会

参观完“最牛寝室”后，我们把对学习和生活的反思引入到寝室生活中。

因为学生在反思过程中，如果有他人指点或与他人合作进行，会加深理解，反思的效果会更佳。寝室反思恳谈会是一种很好的形式，可营造良好的寝室学习能量场，促进同学间的合作互动交流。

同一寝室的同学，每周三晚自修结束回寝室后召开寝室反思恳谈会，谈谈本人一周学习和生活情况，并记录本人的收获和不足，展望下周学习生活，并把它们记录在《寝室反思恳谈会记载表》上，寝室长做好小结。“记载表”第二天交生活委员厉聪颖处。

（一周）寝室反思恳谈会记载表

班级______寝室______寝室长______日期______

学生 1：

学生 2：

学生 3：

学生 4：

学生 5：

学生 6：

小结：

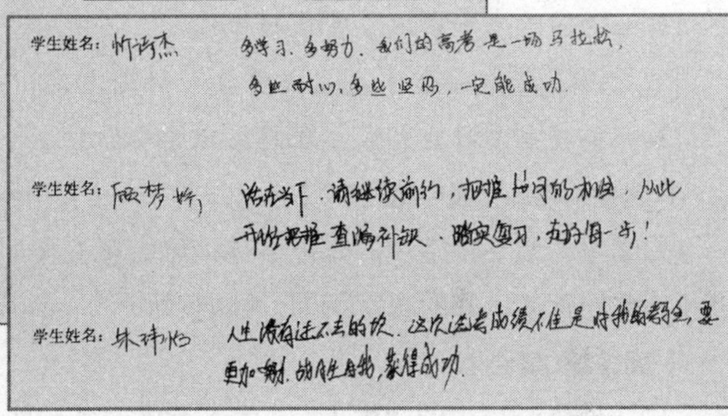

（二）寝室的个性化措施

在参观“最牛寝室”后，各寝室都积极行动起来，采取一些措施，不仅美化了寝室环境，还形成良好的学习氛围。各寝室都制订了《寝室进步计划》。

女生 201 寝室进步计划

1. 目标：

2. 现状分析：

3. 改善措施：

（1）早起。寝室的学习氛围会对在寝室的学习效率产生很大的影响，我们寝室 8 个人中 7 个人每天早上 5:30 起床，每天比别人早起半个小时。大家相互提醒。（2）晚自修下课后。晚上再多学习一点，坚持下来就是最大的成功。分工合作，每人承包一个重要章节，利用双休日找出 4 道自己认为最有价值的题目，记录在自己的笔记本上。笔记本白天放在教室，寝室成员之间相互传阅，思考解题方法，可以提前做好。晚自修结束后将笔记本带回寝室，相互探讨解题方法，最好有不同的解题思路，一题多解。由出题人公布答案，做错的人找到错因，最后选出最优的解法。(3)周日下午。先到校的同学去教学楼看书作业，而不是闲逛、聊天。(4)每隔两周的周日晚上，召开寝室全体成员会议，对寝室进步计划的执行情况进行一次深入的回顾与反思。需要改进的提出改进措施。

4. 奖惩：

(1)在月考、期中考试、期末考试或学选考中成绩进步20名或者达到个人目标的，可减免一次寝室值日工作，进步40名以上减免两次，退步20名以上的多加一次值日。(2)星期天下午5:00前还没有做完周末作业的同学多加一次寝室值日工作。

以上措施由全体寝室成员共同讨论决定，严格按计划执行，不轻言放弃。寝室学习靠大家，理想大学等着你！

【学生体会“最牛寝室”】

要学习“最牛寝室”的先进事迹，珍惜寝室同学的情谊，互相扶持、共同进步，共同营造良好的寝室氛围。(顾梦娇)

【周末家庭会议】

1. 父母谈谈身边的“牛人”，优先考虑亲戚和朋友，也可以是从新闻媒体上得知的，说说他的成长经历；

2. 孩子谈谈参观“最牛寝室”的体会，说说自己哪个方面有成为“牛人”的潜质。

【教育反思】

在寝室里，同学之间会形成一些比较稳定的“好朋友”关系，这种非正式组织起来的“心理群体”或“兴趣群体”所产生的“社会舆论”，对寝室、对班级的团结、绩效、风气有着重要影响。寝室不仅仅是学习睡觉休息的地方，优秀的寝室文化有利于形成良好的班风和学风。班主任可有意识地引导寝室内部形成“寝室核心”，利用他(她)的影响力带动其他同学一起进步。

“互教”模式：互帮合作组

在新课程改革和高考考试改革背景下，各省高考模式发生改变。在浙江，除了语文、数学、英语作为高考必考学科外，从物理、化学、生物、政治、历史、地理和技术（包括信息技术与通用技术）七门课中选择三门课作为选考学科，必考科每科150分，选考科每科100分，总分750分。学生自由选择“七选三”学科，产生了如“物化史”“政生技”“生史地”等35种不同的组合形式。而在上海进行的是“六选三”，即从除了技术以外的六门学科中选择三门，共有20种不同的组合，有些省份则采取了“3＋1＋2”的模式。此外，英语和“加三”学科有两次考试机会，取分数高的一次作为最后高考成绩。

高考“三加三”模式必须实行走班教学，让选择同一学科的同学集中在同一个教学班中学习。这是浙江省普通高中新课程改革后的第一届毕业生，我们学校采用的是语数英固定行政班，“加三”学科进行全走班的方式，充分尊重学生的选择权。这样，学校出现了传统的行政班与学科教学班并存的局面，行政班级里的每位同学都有不同的选考科目，上走班课时，同学们都根据个性课表到相应的教学班学习。

在行政班内组建学科学习共同体是探索必修课走班情况下的行政班管理模式，提高学生学业成绩的有效方法。我们通过主题班会形成乐于合作的氛围，再通过学科合作小组建设，设立“小老师”，开启“互教”模式，再通过后续的学习共同体建设，从“互教”走向“互学”，逐步形成我们班级特色的互助互学模式。

第一部分 《团队与合作》主题班会

古人云：能用众力，则无敌于天下矣；能用众智，则无畏于圣人矣。善于与他人合作更是现代人取得成功的必要条件。

现在很多高中学生由于从小缺少兄弟姐妹结伴成长的机会，团结意识不强，合作能力没有得到充分的发展，表现在校园生活中学生有不善于与他人合作和交往、不团结的弱点。

通过主题班会，学生理解合作的重要性，体会到合作的快乐，形成强烈的合作意愿，增强合作的意识，提升合作的能力。为后续从“互教”到“互学”的学习共同体的创建创造良好的条件。班会主持人：学习委员沈婷。

一、合作的必要性

合作无处不在，生活、工作中处处需要合作。合作有利于打造卓越的学生团队，形成共同做事的方式。（1）合作是一种力量，也是一种财富，要想顺利完成一项工作，实现自己的理想，都离不开与他人的合作；（2）通过合作学习，可以弥补个人知识的不足，提高我们解决问题的能力，还有助于我们形成开朗、活泼、勇敢等积极的个性心理品质；（3）善于合作，是新时代的要求，往往有助于事业的成功，让合作成为一种习惯。

二、相关故事

故事一：蚂蚁的合作精神。故事二：“六国被灭”的故事。

这两个故事都说明了合作的重要性。

三、亲身体验

活动一： **你画我猜**

游戏规则：（1）每组选出一个代表到讲台上看题目，根据题目内容画一笔后传给第二位同学，以此类推。（2）全部画好后，由组内代表猜画的是什么，先猜出来的一组获胜。

活动二： **解手链**

游戏规则：每组围着站成一个向心圈。先举起你的右手，握住对面那个人的手；再举起你的左手，握住另外一个人的手；现在，你们面对一个错综复杂的连接网；每个人在手不松开的情况下，想办法把这张乱网解开。

如果长时间没有办法解开，主持人提示，允许他们松开一对握住的手，然后再想办法解开。

四、感想总结

提出五个问题让学生回顾总结：这次游戏你们成功了吗？你在开始的感觉怎样，是否思路很混乱？当解开了一点以后，你的想法是否发生了变化？最后问题得到了解决，你是不是很开心？在这个过程中，你学到了什么？

五、提出打造班级共同体思路

在班会课最后，班主任提出班级共同体的设想。共分成两个阶段：第一阶段，"互教"阶段。成立各种合作小组，设立小组"领头羊"，通过"领头羊"的教来带动整个合作小组的进步。第二阶段，从"互教"走向"互学"阶段。要求同学按照共同体的要求，在与同学的互助互学过程中，取别人长处，弥补自己的短处，去收获共赢。

第二部分　组建互帮合作组

一、合作小组的必要性

在走班初期，在班内进行了调查，学生认为走班对学习的不利因素有以下这些方面：

1. 人多而杂，学生走得累，课堂上学生进入状态慢，虽然有座位表，但很多学生没有按照座位表就座，纪律不太好；

2. 课表编排不合理，第一节课安排自修，浪费了宝贵的学习时间；

3. 作业在行政班完成，使收作业很复杂，不好收；

4. 上课有时书本带不全；

5. 课桌里的书有被上课学生拿走的情况，甚至有学生在桌子上留言；

6. 教师不认识学生，课堂管理困难，点名也困难，课堂上没有人回答问题时，老师觉得很尴尬；

7. 行政班教室里，选考同一学科学生坐在不同地方，同学之间缺少交流，很少相互学习；

8. 教师个别辅导困难。

行政班是一个强大的能量场，除了必修走班课和选修走班课外，学生大部分时间都集中在行政班中学习和生活。我们进行了第一轮的学科合作组尝试。

教学研究发现，学生在学习过程中如果自已做完并讲出来（教别人）就掌握了所学知识的90%。因此，成立互帮学科小组，通过利用“教别人”的形式，不仅能使“小老师”牢固地掌握所学知识，而且也能让“潜能生”受益。

二、建设互帮合作组的具体做法

所谓学生互教就是指学生以老师的身份彼此之间相互教学知识点。互教活动体现了学生是学习活动的主体，在一定程度上促进了学生对教学知识点的掌握。

（一）推举学科负责人

“加三”教学班除了设置班长、副班长、学习委员等职位外，还根据学生行政班的不同，设置了教学班组长，主要负责同一个行政班中学生的作业收发。这样，在行政班内就会出现同一学科有几个小组长的情况。有必要从这些小组长中推举出一位学科负责人，统一“负责”该学科的学习，不仅收发作业，而且学生有问题可以问组长，组长也可以组织学生进行合作学习，提高学习的效果。经过推荐，产生以下学科负责人：物理陈金宇、化学张佳辉、历史唐怡清、地理忻诗杰、政治郭雯莉、生物戴王磊、信息曾敏烨、通用彭敏。学习委员沈婷为总负责人。

结合年级部统一安排，我们对“加三”学科进行通盘考虑，制订出本班晚自修选考学科自主与合作学习安排表。在同一时间段内，安排四门不同选考科目，每位学生自主选择四门学科中的一门，学科负责人召集开展合作组学习活动。每次活动先确定主题发言人，带领大家一起学习。

（二）组建学科精英团队

在“学科负责人”的基础上，我们每科设立一个精英团队，每队2～3人，要求学科成绩稳定在班级前5名，年级前50名，如果这个要求过高则适当放宽要求。学科精英团队是一种荣誉，更是一种责任，除了学科负责人外，其他成员实行动态变化，不符合要求者清退。学科精英团队有两项任务：一是营造学科学习氛围，引领班级发展；二是负责攻克难题，帮助同学答疑解惑。

每名学生分析自己的弱势学科，与班级学科精英团队的成员结成“一帮一”的对子，在遇到实在不能解决的问题时接受帮助。

（三）“围一圈”现象

在每节课上，把思维的疑惑点、没有解决的问题及时记下来，下课后，立即冲上讲台，向老师提出自己的问题，在下课时间把学科老师留在教室内。学生不是一下课就走散，而是留在教室内相互请教。由于问的同学多了，就形成“围一圈”现象。

（四）写“感谢信”

课余时间，有问题主动到老师办公室去问，或者向班内优秀学生请教，在弄懂问题后，求得老师或“小老师”的签名。签名纸其实也是一封小小的感谢信。以下是一位学生的“求签名”：

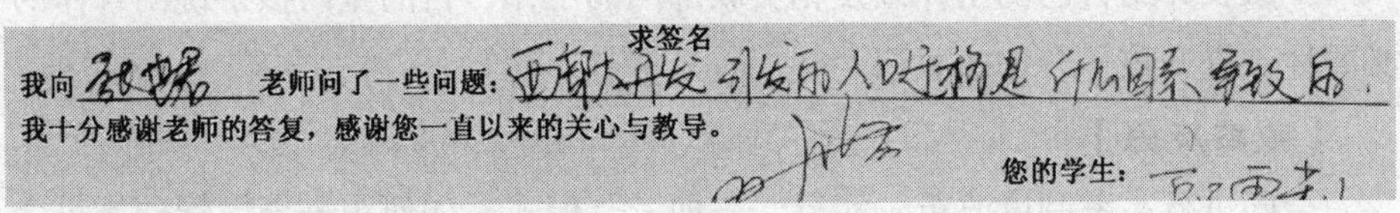
求签名

我向______老师问了一些问题：

我十分感谢老师的答复，感谢您一直以来的关心与教导。

您的学生：

（五）参加“名师导航”活动

“名师导航”是互帮合作组合作学习的机会，可以一起相约去向老师请教问题。

1. 介绍“名师导航”活动。学校专门开辟了三个辅导教室并制定相应的管理办法，要求辅导教师根据学生的基础、习惯、兴趣爱好，因材施教，以个别辅导为主，集体辅导为辅；加强学习方法的辅导，着重培养学生独立思考、自己解决问题的能力；认真对待学生所提问题并做好归纳总结，对于普遍性问题要告知本备课组教师，统一课堂上解决，遇到暂时不能解决的问题，可以利用备课组、教研组活动的时间集体会诊或通过查阅资料尽快加以解决。“名师导航”活动涵盖了语文、数学、英语、物理、化学、生物、技术、政治、历史、地理、心理 11 门学科，每周一至周五傍晚五点至六点，由特级教师、学科带头人、教学能手等组成的名师团队准时到位，答疑解惑。

2. 利用同伴的获益影响学生。一方面，向同学们展示“‘名师导航’问问题的火爆场面”的照片和小视频，使学生产生一种心理：“我不去问问题，我就吃亏了”；另一方面，让经常去“名师导航”的同学“现身说法”。

四、班级需要加强的问题

除了班级安排的学科小组活动时间外，晚自修其他时间段内也经常有同学间交流的声音，要求同学加强自主学习，有问题交流放在下课时间，或者到教室外的学生书吧。因为学生比较“吵”，我们后续还开展了“思维日（无声日）”活动，以加强学生的自主学习。

【学生体会感悟】

建立互帮合作组的好处：一是平等，同龄人在一起，没有畏惧感；二是气氛融洽，组合在一起学习的是相同的学科，志同道合；三是可以在这样的交流中，学生结下深厚友谊。（曾敏烨）

【周末家庭会议】

1. 家长总结自己一周学习或工作内容，孩子梳理汇报一周所学所得；

2. 家长介绍自己的工作以及相关联部门的工作，目的是向孩子说明合作的必要性，提升孩子合作的意识。

【教育反思】

全国进行高考制度改革，实行“三加三”模式，如何跟进班级管理是每个班主任要思考的问题。在学生互教过程中，老师的引导作用也不可小视，老师明确学生的责任分工，可以先把“小老师”们集中起来进行培训，先掌握相关知识，并进行一些教学方法的训练，以提高学生的“互教”水平，提高综合能力。班级学习共同体的建设是一个不断发展和成长的过程。

“互学”模式：学习共同体

教育是一项极其复杂的特殊劳动，当我们提出教育改革的理念后，很多想法却在具体的实践中无法真正的实施。在“互教”开展一段时间后，我们提升了学习小组合作的层次，向“互学”阶段迈进，建设班级学习共同体。

一、班级共同体概念

由群体蜕变为共同体是班级走向卓越的基础。因为群体是一盘沙，而共同体则是一股绳，它可将每个学生的成长需求及动力凝聚在一起，走在持续发展的道路上。

（一）什么是班级学习共同体

班级学习共同体是班级学生及老师共同构成的团体，他们彼此之间经常在学习过程中进行沟通、交流，分享各种学习资源，共同完成一定的学习任务，因而在共同体成员之间形成了相互影响、相互促进的人际关系。

（二）如何打造班级学习共同体

心理学家吴武典认为，积极团体气氛的培养需要三个实质性条件：一是共识，即团体的共同目标、理念、意识；二是规范，即团体成员共同遵守的公约、规定、制度；三是互动，即团体成员的相互依存和影响。

好的班集体可以营造好的学习生活氛围，犹如一个大家庭一样，在这个班集体中，班级有班级的目标，每一个人也都有自己的目标，相互信赖，共同进步。

二、建设班级学习共同体

我们的班级学习共同体不同于课堂上师生的学习共同体，是课堂外的学习共同体，目的是为每位学生提供高质量的学习机会，是班主任激发学生的学习能力、学习经验、学习兴趣的一种有效载体。

（一）制定《学习小组考核办法》，形成学生之间相互尊重和信赖的关系

学生之间相互尊重和信赖的关系是学习共同体能否成功的关键因素。学生们知道他们不仅要为自己的学习负责，而且要为其所在小组的其他同学的学习负责。

我们的《学习小组考核办法》由学生共同讨论决定，采取捆绑式评价与个体性评价相结合、终结性评价与过程性评价相结合的方式，考核学生的学习情况和行为习惯养成情况，促使形成良好的学习生态环境。制定《学习小组考核办法》，办法如下：

“多彩408”学习小组考核办法

宗旨：实践“敢为”精神，打造“多彩408”

具体要求：

1. 成绩考核：以期末考试成绩的各科总分年级排名为依据，与期中考试和选考成绩的总排名比较，考察组内学生的进步情况。保持前5名则加五星，6～15名每进步1名加一星，16～30名每进步2名加一星，31～60名每进步5名加一星，61～120名每进步10名加一星，120名以后每进步20名加一星。以上各项如果加星超过五星则以五星计。同理，成绩退步则要扣星，每退步10名则该生减去一星。

最后将小组内同学的获星数相加取平均值，然后乘以3，即得到小组的得星成绩。

2. 学期初，每位同学明确申报自己的“××星”，在学期结束考核时，要列举自己为这颗“星”的成长所做的事项，描述自己的感悟体会，如果有显性成果，在得到自促会认可的情况下可以加一到三星。

3. 小组主持的主题班会评比：分为两档，一半优秀加五星，一半良好加四星。

4. 被评为文明寝室的寝室学生加一星。

5. 小组成员获奖加星：小组成员有校级及以上荣誉，则该组加一星，对同学获奖有实质性帮助者加半星。

6. 其他对于班级有贡献者：由班干部提出，并经班主任同意，全体学生通过，可获加星。

7. 对影响班级声誉的行为者提出适当的惩戒。

说明：小组考核得分将作为小组评优和学生评优评先、其他相关评定的依据。本办法由学生自主管理促进会负责实行，班长监督。

（二）尊重多样性的分组方法，让学生在差异中收获更多

合作学习就会涉及分组的问题，日本教育家佐藤学最推崇的是男女混合的随意编的四人合作小组，而且不设立领导者，以利于学生平等参与。

目前，第一次选考成绩已经公布，有的学生对学科选考成绩还不满意，需要参加第二次选考，也有学生的“加三”学科才开始第一次选考。发挥面对面地促进性相互作用，按照同一选考科目同学坐在一起的原则，统筹考虑各种因素，我们重新编排学生座位，便于开展“学科共同体”学习。

根据调查，汇总全班学生的选考（必考）科目，下面的表格是《学生选考（必考）情况表（部分）》。

学生选考（必考）情况表（部分）

班级	姓名	学号	选考（必考）科目一	选考（必考）科目二	组别
4	陈宏宇	27	技术	政治	技术组
4	周　洁	16	技术	英语	技术组
4	彭　敏	20	技术	政治	技术组
4	王陆斌	35	历史	生物	历史组
4	唐怡清	7	历史	英语	历史组
4	龚婕妤	12	历史	政治	历史组
4	张路路	13	历史	政治	历史组
4	陈金宇	25	英语	技术	英语组
4	戴王磊	28	英语	技术	英语组
4	陈　威	38	英语	技术	英语组
4	陈思媛	3	英语	数学	英语组

结合实际，在征询学生意愿的基础上，我们全班39位同学共分成10个学习小组，每组3～6人，男女混合，设立小组长，小组长的主要任务是召集大家一起学习。安排《“多彩408”座位表》如下（相邻学科组以不同底色区分）。

“多彩408”座位表

朱玮怡		龚秋虎	张佳辉		（特殊桌）	吴冰鑫	高越元
陈张鹏	顾宇衡	裘同	李时荣	沈婷	张雨萱	李泽斌	*金加辉*
忻诗杰	陆洋	沈怡洁	*周静雯*	周恬	张怡	唐怡清	龚婕妤
顾梦娇	曾敏烨	潘蕾蕾	王一平	*陈思媛*	张路路	王陆斌	陈宏宇
姚昳芳	陆雯莉	叶靖怡	厉聪颖	陈金宇	陈威	彭敏	周洁
		郭雯莉			*戴王磊*		
			讲台				

注：斜体为通校生。

（三）设置有挑战性的明确的学习目标，让学生进行高质量的合作学习

合作学习的关键因素之一是设定合理的学习内容。具有挑战性的学习内容有利于开展合作学习。会引发学生日常生活联想的有现实意义的问题、没有标准答案的开放性问题、有一定难度需要学生深入思考的探究性问题都是有挑战性的学习内容，适合合作学习的开展。

为此，我们将晚自修第一节课设置为学科组活动时间。学科负责人负责联系学科教师，统一协调学科组活动。有条件的话，邀请学科教师参加本组活动。分享学习内容与方法，相互传阅批注《学科合作组记载本》，携手共同进步。

活动内容安排如下：（1）组内学生任务分工，确定不同主题内容的主讲人，结合考试说明对学科专题内容进行解读，其他同学进行补充；（2）开展试制命题比赛，确定考试内容和范围，通过做一定量的相关题目，揣摩命题意图，然后自己命题（或找题），说出这个题目由哪些知识点组成，在哪个位置设置了难度，需要什么解题方法和能力等；（3）做统一选定的高考题，或梳理、记忆学科选考知识；（4）分享学科学习方法。

（四）制定人性化的班级公约和制度，丰富学生合作形式，构筑信任、安全、有温度的互动环境

1. 成立学生自主管理促进会。民主选举三位同学，作为学生自主管理促进会成员，成立学生自主管理促进会（勤学会）。设立会长一名，会员两名。促进会的主要目的是对学习小组和学生个人进行评议与考核，并对班干部工作提出建议。

2. 生日卡制度。生活委员负责，在每位同学过生日的当天给该同学制作一张生日贺卡，卡片上写有同学们的祝福语和班主任的勉励语。

3. 聘请“三闲”监督员。人都有懈怠的时候，学生需要找一个同伴互相监督，相互鼓励，一起同行。“三闲”就是指“闲话、闲事、闲思”，就是在学习过程中出现的种种开小差或其他对学习无效或低效的行为。每位同学找一位座位邻近的同学作为自己的“三闲”监督员，在自己还没有发觉自己“三闲”时，让监督员提出来，以便自己及时改正。这是一个过程，通过一段时间的努力，到最后自己的监督员就是自己，从而达到自我控制的目的。设立班级的总监督员为班长，副总监督员为纪律委员。

4. 加强寝室合作组。对寝室反思恳谈会进行适度调整简化，每位同学在晚自修填好《寝室反思恳谈会记载表》，回寝室进行口头交流。“记载表”第二天上交。班主任及时在全班进行反馈。

5. 生涯教育组开展活动。随着新课程改革的深入实施，学生的生涯教育提到了更重要的位置，学校给每位学生配备了生涯教育导师，让导师成为学生成长道路上的一座灯塔，照亮学生的前进方向。生涯教育组组长召集组内同学联系导师一次，谈谈近期的学习和生活情况。

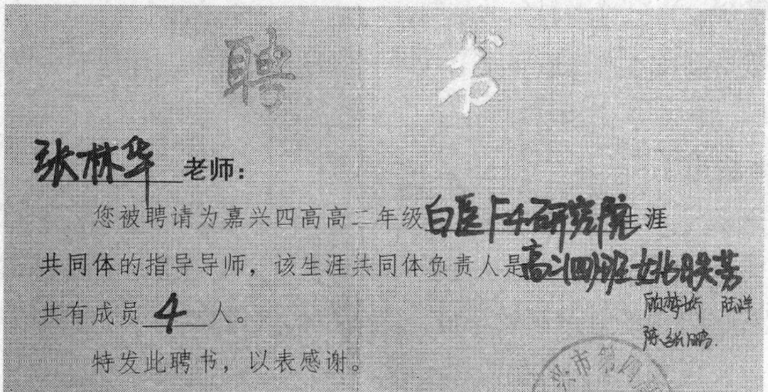
聘　书

张林华 老师：

您被聘请为嘉兴四高高二年级白医F4研究院生涯共同体的指导导师，该生涯共同体负责人是高二(四)班姚晓芳，共有成员 4 人。

特发此聘书，以表感谢。

嘉兴市第四高级中学

学科合作组做物理实验

选考前两天，我们组织物理学科组的同学去物理实验室做实验。首先，学科组研究确定实验主题，比如平抛运动等；其次，联系物理实验员陈老师，准备相关实验器材；第三，将物理学科组学生分成实验小组，每组3～4人；第四，利用自修课时间一起去实验室做实验。这次实验的内

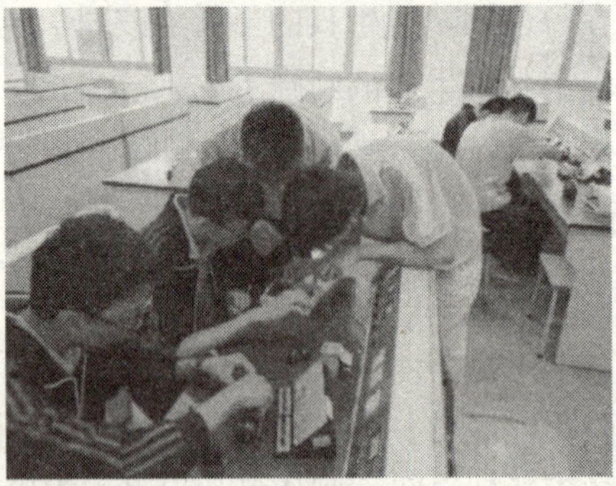

容不一定在选考中考到，但是提升了学生考好物理的信心，巩固了物理学知识，活动达到了预期的效果。虽然物理学科是高手们的天下，但物理学科组的同学们还是在第二次选考中取得了比较满意的成绩，金加辉同学进步了18分。

学生选举的学生自主管理促进会

会长：戴王磊　委员：陈金宇　彭敏

【学生感悟】

开展学科组活动，可以和同学静下心来解题，提高了自己的效率，也使自己的解题能力得到了提升。（金加辉）

【周末家庭会议】

1. 孩子谈谈“团队与合作”主题班会的活动感悟，与家长分享快乐；

2. 孩子说说自己选考科目的打算；

3. 孩子与家长各自反思回顾上一周的学习工作情况，计划下一周的工作与学习。

【教育反思】

作为班主任，要相信学生身上所蕴藏着的巨大能量，尊重学生，鼓励和支持他们开展合作学习活动，给予合作时间，进行合理分组，了解学习内容，营造一种宽松、自由的学习互动环境，促使他们通过自己的力量获得学习的成功，实现对自我原有水平的挑战和超越。基于“互学”的学习共同体，更适合于学生有一定学习基础，在准备“第二次选考”或语数英的第二轮复习阶段更为适用。

合理的共同体评价办法是个体、小组、班级成长的强大助推器，必然会促进学生潜能的唤醒、同伴合作的推动、班级建设的发展。学习共同体的实践提升了学生学习兴趣，形成学习能量场，学生进步明显。当然，学习共同体不能替代“自主学习”，因为学生的独立思考、自主学习是其他社会学习的基础。

民主选举成立班级自主管理促进会，不仅对班干部的工作形成一种有效的监督，部分解决了班级创生的新问题，而且学生在讨论班级问题、提出意见建议的过程中培养了能力，获得了成长。

经营长处：群星日

人生的诀窍就是经营自己的长处。在人生的坐标里，如果站错了位置，用他的短处而不是长处来谋生的话，那是非常可怕的，他可能是在永远的卑微和失意中沉沦。自信心是“植根”于长处的土壤上，并一点点培育起来的。要发现自己的长处，发展自己的长处，向社会自荐自己的长处。问题不在于学生有没有长处，而在于老师和学生自己有没有发现长处的能力。

一、班级愿望

中国共产党的创建，离不开这样一批脚踏实地的实干家，他们是历史长河中耀眼的明星，彰显了开天辟地、敢为人先的首创精神。作为红船旁长大的嘉兴人，在“红船精神”的滋养和激励下，我们努力学习科学文化知识，敢为人先，勇于奋斗，乐于奉献，茁壮成长，成为新时代的优秀公民。

虽然我们不能成为那个时代的杰出人物，但是我们可以先从身边的小事做起，做最好的自己。我们提出班级愿望：让优秀成为我们的习惯，每个人将来能成为各行各业的翘楚。每个人首先成为会做小事的领袖：有带领同学做好值日者；有组织同学打好篮球赛者；有带头弯腰捡起地面上的垃圾者；有为班级的发展献计献策者；有吸引兴趣相同的同学组成社团者；有注重自身成长且不断提高自身素养者……

二、现实例子

举例一:(网上视频)一个人学折纸艺术，折一个大犀牛；

举例二:(网上视频)有一个摆弄石头的人，雕一桌满汉全席；

举例三:(听书)听“懒人听书”里的《你必需有一样拿得出手》。

三、“未来之星”自主报名

班会课上，要求每位同学“自信”“大度”地报名自己的“未来之星”。思考自己的长处是什么？将来的自己是怎样的一个人？主要从将来就业的选择、人生的发展方向考虑，或者思考自己的优点，或感兴趣的点，选定自己将成为某某星。

（一）写出自己是某某星

格式:“我很优秀，比如上一次我……，我认为我是 ×× 星。”

（二）写给同学的“星”

左右两边的同学各一张:“你很优秀，比如上一次你……，我认为你是 ×× 星。”

（三）确定自己的“星”

结合同学给你写的 ×× 星，确定自己的“星”，上报学科组长，如果自己不愿意公开的，可直接报给班主任。

给学生一些选项，如折纸星、孝敬星、记忆星、篮球星、跑步星、小画家、小作家、小政治家、小思想家、小书法家、歌星、英语星、数学星、历史星、软件设计星、学习星、体艺星、织毛衣星、文学星、创新星、敢为星、多彩星等，当然，校园十星也可以包含在内。

班会课上展示报名情况，并请报名学生大胆说出自己报名该“星”的理由。

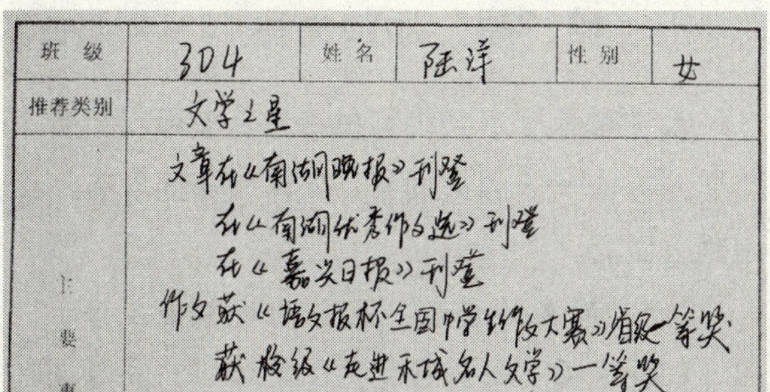

班级	304	姓名	陆洋	性别	女
推荐类别	文学之星				
主要事	文章在《南湖晚报》刊登 在《南湖优秀作文选》刊登 在《嘉兴日报》刊登 作文获《语文报杯全国中学生作文大赛》省级一等奖 获校级《走进禾城名人文学》一等奖				

（四）告诉学生特长培养的四大秘籍

一是亲身实践，对感兴趣的事，要鼓励自己去做，而不只是想想而已；

二是参加特长培养班，有专业指导老师的指点、培训班同学的互助，以及班级环境的约束，自己会更准确定位自己，将会使自己的长处更长；

三是参加各类竞赛，在参赛过程中，学到的不仅仅是知识，而且让自己看到“人外有人，山外有山”；

四是发表作品，发表作品会激励自己向更高的目标迈进。

四、“校园之星”评选活动

（一）公布“校园之星”项目

学校“校园之星”评选活动分别从学生的道德品质、身心健康、文化素养、艺术素质、创新能力、自主管理等方面进行评价，有具体的评价标准，分别设立以下十大类别：学习之星、科技之星、才艺之星、体育之星、文学之星、文明之星、自律之星、管理之星、志愿者之星、四高之星。

（二）班内“校园之星”报名

下发“校园之星”报名表，让学生自主报名“校园十星”。然后，由同学们投票，自主管理促进会课后统计选票，再决定上报年级部人选。

“校园之星”报名学生名单　　每项只选一人！打勾。

学习之星	科技之星	才艺之星	体育之星	文学之星	文明之星	自律之星	管理之星	志愿者之星
陈思媛	龚秋虎	张雨萱	忻诗杰	陆洋	潘蕾蕾	张路路	周静雯	周洁
戴王磊	顾宇衡	唐怡清	王一平	朱玮怡	叶靖怡			沈怡洁
张佳辉		姚昳芳	裘同		周恬			陈威
		陈张鹏			张怡			
					金加辉			
					吴冰鑫			

五、给“星”添加光亮

天才来源于三个因素的叠加：中等以上智力——这个很容易实现；创造力与学习方法——因人而异；执着——执着有三个层次：勤奋、痴迷、克服一切困难去做。

（一）周末为自己“星”的成长做点事

如看相关书籍、看有关纪录片，与同学老师交流，给自己的长处加码。

（二）自主管理促进会对每位学生的“未来之星”进行评估，提出建议

要点亮该星，他自己现阶段可以做哪些事？作为班级可以为他的成长提供什么条件？

（三）虚功实做的导行法

想象未来的情景，若干年后，如果全班同学在嘉兴四高校门口集合，会是什么样子。然后让学生写一段文字，写下自己想象中的样子。

人的潜能是无限的，相信每一位学生都是一颗宝石，闪烁着不同的光芒，每位学生都是发展着的人，每一个人都有他存在的价值。

【学生感悟】

成才的道路有千万条，每个人都可以选择一条适合自己的路来走，最关键的不是向别人看齐，而是能够对自己作出正确的估价。（龚秋虎）

【周末家庭会议】

1. 每人谈谈自己最闪耀的时刻（最得意的事）；

2. 全家人一起看孩子“星”的相关纪录片或相关书籍，家长进行恰当的评论引导；

3. 孩子开展“投入地爱一次”活动，家长为点燃孩子的“星”再做点事。

【教育反思】

从学生心中成长起来的“喜欢什么”，不管是有用或是没用，都很有可能是他未来幸福的源泉。一个人如果享受着自己热爱的事情，那就是他最幸福的时刻。但是很多人还停留在习惯的应试思维里，不看重学生的个人兴趣的培养，只关注学习成绩的提高，这是有违生命成长规律的。

每一个学生都可以成为一个冠军。人的潜能是无限的，每位学生都有长处，而且都不只有一条长处，最后进的学生也会有三条五条的长处。作为教师，尤其是班主任，就要用放大镜去发现学生身上的闪光点，找到属于他自己的那颗“星”，并想办法放大学生优点，固化优点，推荐优点，巩固自信，增强核心竞争力，提升学生人生进取的高度！

探索人生：家长讲师团

学生的成长离不开学校教育，更离不开家长的教育。组建家长讲师团，让家长走进学生的课堂，为学校课堂教育内容、教育途径引入了“活水”，可以更好地发挥家长在学生教育中的作用，从而更好地促进家校联系和学生的成长。

家长讲师团由学校德育处统一组织，高一高二每一个班级推荐一位家长讲师，组建家长讲师团。讲师团成员制作PPT课件，分享自己的成长故事，谈谈对自己职业的理解。这是一次学生生涯教育的契机，我们班借助学校家长讲师团活动，开展了更深入的学生生涯拓展教育活动。

第一部分 思考职业人生（前期教育）

在开展“家长讲师团”活动前，我们在班内进行前期教育，通过故事讲解、性格特征参照等形式让学生关注生涯教育，思考自己的未来发展方向。

一、人生故事

爬楼与人生

一对兄弟，有一天他们出去爬山，然后一起回家。他们的家住在八十层楼，他们一人背着一大包的行李回家，却发现大楼停电了。于是哥哥就说：弟弟，我们一起爬楼梯上去吧。于是他们就一起爬上去。到了二十楼的时候，哥哥又告诉弟弟：背包太重了，我们把它放在二十楼，我们爬上去，明天再下来拿。弟弟说：好。于是他们就把他们的背包放在二十楼，继续往上爬。到了四十楼，弟弟开始抱怨，于是就跟哥哥吵起来了。他们边吵边爬，爬到了六十楼，哥哥就对弟弟说：只剩二十层楼了，我们不要吵了，默默地爬完它吧！于是他们就各走各的，终于到了家门口。哥哥就摆出了很帅的姿势：弟弟开门。弟弟就对哥哥说：别闹了，钥匙不是在你那儿？结果，他们把钥匙留在二十楼的背包里了。

这个故事其实就是反映了我们的人生：20岁之前，我们活在家人、老师的期望之下，背负着很多的压力、包袱，自己也不够成熟、能力不足，因此步履难免不稳。20岁之后，离开了众人的压力，卸下了包袱，开始全力以赴地追求自己的梦想，就这样愉快地过了20年。可是到了40岁，发现青春已逝，不免产生许多的遗憾和追悔，于是开始遗憾这个、惋惜那个、抱怨这个、嫉恨那个，就这样在抱怨中度过了20年。到了60岁，发现人生已所剩不多，于是告诉自己不要再抱怨了，就珍惜剩下的日子吧！于是默默地走完了自己的余生。到了生命的尽头，才想起自己好像有什么事情没有完成，原来，我们所有的梦想都留在了20岁的青春岁月。

想一想，我们是不是也要等到40岁之后，60岁之后才来追悔？是不是可以做些什么不让这个遗憾发生呢？对，我们要努力做好我们的职业生涯设计。合理设计自己的职业生涯，是迈向成功的第一步。

二、了解自己

各种类型的测试工具有助于学生从不同角度了解自己。关注学校心理健康教育中心组织的心理测试，比如霍兰德职业兴趣测量表、BMTI测试法等，在心理老师的专业指导下，清楚自己属于哪个类型，倾向于哪个方向。

当然，也不能完全相信测试的结果，要用科学的眼光理性看待测试结果，发现自己的优势和长处，并精心经营自己的优势。每位同学可以与下表中的性格特征对照，找出最适合自己的一种性格类型，以了解自己适合从事的职业。

性格类型	性格特征	适合职业
社会型	爱好社交、活跃、友好、慷慨、乐于助人、易合作、合群	社会工作、教师、护士等
理智型	好奇、善于分析、精确、思维内向、富有理智力、聪明	自然科学工作、电子学工作、计算机程序编制等
现实型	直率、随和、重实践、节俭、稳定、坚定、不爱社交	农业、制图、采矿、机械操作等
文艺型	感情丰富、想象力强、富有创造性	文学创作、艺术、雕刻、音乐、文艺评论等
贸易型	外向、乐观、爱社交、健谈、好冒风险、支配、喜欢领导他人	董事长、经理、营业部主任、营业员和推销员等
传统型	务实、有条理、随和、友好、拘谨、保守	办公室工作、秘书、会计、打字员和接线员等

在分析自己的性格特征与适合职业后，学生在周末时间上网“抢课”，选择适合自己的家长讲师，走进学校组织的家长讲师团课堂，聆听家长的精彩人生故事。

第二部分　家长讲师团（学校活动）

学校职业生涯教育“家长讲师团”顺利开讲，来自不同行业的26位家长走进课堂，给学生们上了一堂堂生动的课，为学生们打开了校内课程以外的另一扇窗。

一、确定家长讲师团成员

家长讲师团的成员分布在不同行业，背景的多样性使他们选择的授课话题丰富多样，与书本知识形成了很好的互补。

二、学生自主选择家长讲师

将家长讲师团成员的职业、工作情况介绍给学生，学生选定自己感兴趣的家长讲师，并于双休日在网上自主选课。

三、家长讲师团开讲

学校利用班会课时间统一走班开课，学生根据自己的选择，进入相应的班级听家长导师讲课。

以下是部分家长讲师的讲座情况：

作为一名法官，家长李红平向学生们介绍了法官应具备的素质：法官要具有坚定忠诚的政治素养；法官应具有扎实深厚的职业素养；法官应具有公正廉洁的道德素养；法官还要有勤勉创新的管理素养。

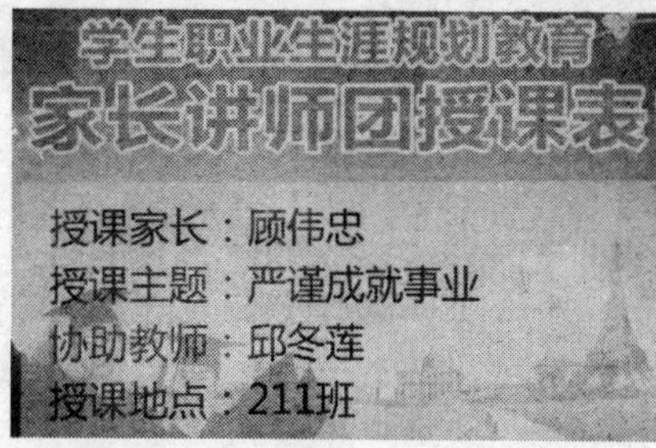

家长苏万斌是一名高级工程师，从事特种设备检测工作多年，他以《职业生涯规划，设计“未来的我”》为题，向同学们讲述了自己的成长经历和职业状况、特点。

家长讲师们绘声绘色的讲述不时引起阵阵掌声，同学们在轻松愉悦的氛围中充分了解了社会各行业的知识，激发了对自身职业规划的思考。

第三部分　体验和探索人生（拓展教育）

在家长讲师团讲座结束后，我们又组织了后续的教育活动：体验和探索人生的活动。

体验一：　访问学长

访问一位学长，请他（她）谈谈他（她）的专业学习与就业之间的关系。

姓　名		毕业大学	
学习专业		就业单位与岗位	
选择专业的原因		选择职业的原因	
专业与就业的匹配度	高　　中　　低		
专业与就业的关系			
建议与启发			

体验二： 追寻自我

回忆你从小到大曾经有过的职业梦想，即使是有些看似荒诞的梦想，也不要遗漏，从小学、初中、高中三个时间维度，追寻自身的职业兴趣发展线索，并将它们一一填写在下表中。然后对照你目前的发展状况，思考问题：曾经的梦想还有实现的可能吗？为什么？

追寻我的职业兴趣发展线索

阶段	小学	初中	高中
我想做			
我喜欢做			
我能做			
我已做成			
是什么让我有了改变			

体验三： 选择适合选考学科

仅从大学专业选择的角度，确定你的“加三”学科。从物理、化学、生物、政治、历史、地理、技术七门课中，选出最适合你的三门选考学科。

学科	大学专业	你的选择
物理	报考专业涵盖 90% 以上。如电子信息、电子科学、航空航天、力学、热能、动力、机械、核技术、海洋、材料等	
化学	报考专业涵盖 80% 以上。如制药、食品、医学、林业、地质、应用化学、材料、核工程、生物科学等	
生物	报考专业涵盖 70% 以上。环境生态、环境科学水产、动物医学、动物生产、农学、园艺、基础医学、预防医学、生物工程等	
政治	报考专业涵盖 60% 以上。哲学、金融学、税务、法学、监狱学、公共管理、教育学、工商管理类等	
历史	报考专业涵盖 60% 以上。 考古、汉语言文学、民族学、文物保护等	
地理	报考专业涵盖 60% 以上。气象、测绘、城市规划、酒店管理、水利水电、地质勘探、资源管理等	
技术	报考专业涵盖 70% 以上。计算机、工程等	

选择自己的“加三”学科，除了上述考虑的大学专业选择外，还要考虑自己的兴趣学科、优势学科和选考学科的考试难度。一般来说，物理、化学、地理等学科考试难度大，非学霸级考生拿高分较难。学生根据形势的发展，考虑到报考平衡，做出科学的选择。

以下数据是浙江省 2018 年高校专业的选考科目范围要求情况。有一个现象值得关注，“单限一门”的专业数大幅增加。

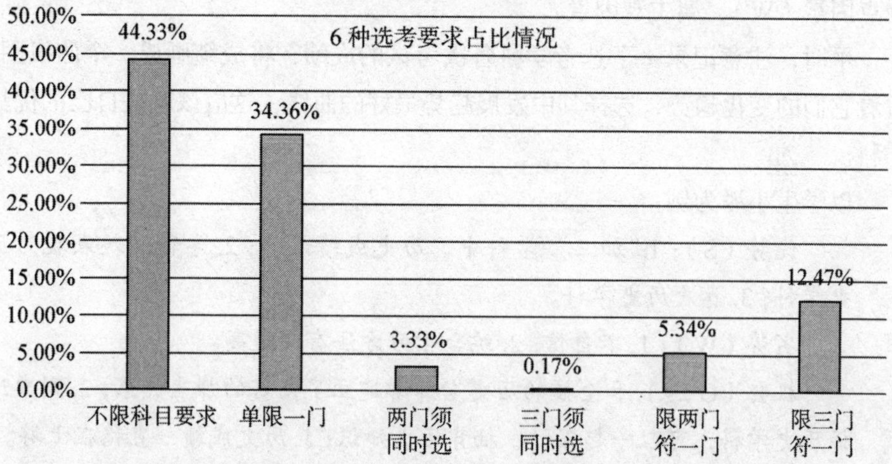

在单限一门的科目中，单限物理的专业数最多，达到 5907 个（2019 年为 1510 个）！对学业基础较好的学生，是否选择物理需要重新审视！

单限一门的科目	专业数	占比
物理	5907	88.31%
化学	516	7.72%
政治	145	2.17%
历史	63	0.94%
地理	33	0.49%
生物	24	0.36%
技术	1	0.01%
合计	6689	100%

体验四：　了解学科优势

运用 SWOT 分析法，进一步了解自己的学科优势。SWOT 分析法，即态势分析法，就是将与研究对象密切相关的各种主要内部优势、劣势和外部的机会、威胁等，通过调查列举出来，并依照矩阵形式排列，然后用系统分析的思想，把各种因素相互匹配起来加以分析，从中得出一系列相应的结论，而结论通常带有一定的决策性。其中，S（Strengths）是优势，W（Weaknesss）是劣势，O（Opportunities）是机会，T（Threats）是威胁。外部环境因素包括机会因素（O）和威胁因素（T），属于客观因素，内部环境因素包括优势因素（S）和弱点因素（W），属主观因素。

平时，注意记录一下选考学科各次考试的成绩，将成绩画成一个曲线图，看看它们的变化趋势，选择其中发展趋势最好的曲线，这应该就是自己的优势学科。

以学生小潘为例：

优势（S）：1.“加三”学科中，历史成绩最好；2.学科兴趣表现为历史学科；3.喜欢历史学科。

劣势（W）：1.不自信；2.综合学习方法有待提高。

机会（O）：1.和全校的历史老师都建立了良好的师生关系；2.同桌选择历史学科，可以一起探讨、抽背历史知识；3.历史成绩一直稳在上游。

威胁（T）：1.很多优秀学生选考历史；2.自己的思维方式不够灵活；3.主科成绩一般，且不稳定。

综合SWOT分析后，小潘选择历史作为选考学科之一。然后在班主任和原历史教师的指导下，再运用这四个因素的配对策略作出决策和规划：

	优势（S）	劣势（W）
机会（O）	SO策略（发挥优势，利用机会）： 凭借自己的历史成绩优势和兴趣，积极向历史老师请教，请他们帮助设计拓展学习计划，与同学一起学习历史，进一步提升自己的历史学科优势	WO策略（克服劣势，利用机会）： 进行自我激励，提升信心；向历史老师请教，优化学习方法
威胁（T）	ST策略（利用优势，回避威胁）： 凭借学科兴趣，在向历史老师请教时注重学科思维的讨教和训练；花更多时间、精力攻克主科	WT策略（减少劣势，回避威胁）： 不断积累成功体验，强化自信；通过提高历史学科成绩的方式，提升高考总分

通过 SWOT 分析，小潘明确努力方向，并在实践中进行目标管理，提升学习动力。

体验五： **了解文理科特点**

大学专业的选择是一个让家长和学生困惑的问题。随着新一轮高考改革的进行，高中生不再文理分科，但对于学生而言，大学选择文科方向的专业还是理科方向的专业，高中要选择哪几门选考学科，应该有一个大致的考量。需要强调的是，高中文理科与大学的文理科是两个概念。

这里有一些在高中实行文理分科时期的资料，供大家学习思考：

高中生读文科、理科，谁更有优势？

理科生比文科生更容易上一本，往年来看，在广东省理科重本率约是文科的 3 倍。如果学生文科和理科优势相当，报理科在高考录取中更占优势。

尽管文科招生就业形势不如理科，但职业规划师郭丹锐认为，在文理分科问题上，家长和学生要看长远一点，应从三个方面去看。

第一，如果学生有出国留学意向，则选读理科比文科好。因为，在海外商科竞争激烈程度比较高，而理工专业竞争程度相对没那么激烈。

第二，如果学生想从事市场、金融等商科类工作，这些工作在求职过程中是不限专业的，选文科还是理科区别不大，想从事此类工作的学生，看文理哪一边的成绩好，就选哪一边。“但理工类的岗位，尤其是科研工作，如工程师、IT 编程之类，需要扎实的专业基础，高中时的学科专业能力就比较重要。”

第三，想提高理科学习成绩比较难，但想提高文科成绩比较容易。因此，如果你理科学得非常吃力，不建议选理科；如果文科学得好，可以选文科。

华农招生与就业处副处长苏相利指出，“大学专业热不热门，就业的好与坏都是在变化的。几年前新闻学专业曾是各校蜂拥开设的专业，但现在新闻学就业并不乐观，能进入媒体的学生也很少。”

郭丹锐认为，作为家长和学生，高中分科不需考虑太多就业率，“可能三年整个社会环境会大变。高校设立一个新的专业从报上去到批下来再到教材教师配备，可能需要五年时间，五年一个行业从兴盛到衰落都已走了一个过程。孩子在大学期间培养自己的综合素质才是最重要的，而且我有个理论叫“一万小时”，从高中开始对一个领域钻研一万小时，到大学毕业已经不愁找不到工作了，因为已经成了专家。”郭丹锐继续指出。

【参考资料】

为人生的幸福奠基

《为人生的幸福奠基——高中生生涯教育》为金玉荣主编，是嘉兴市普通高中第一套出版发行的生涯教育暨心理辅导校本教材。该教材开设学生喜闻乐见的积极心理游戏课程《我的潜能无限大——高中生潜能开发》，成为了学校生涯课程群的核心基础课程并获评“全国学科德育精品课程”荣誉称号。

《为人生的幸福奠基——高中生生涯教育》课程将高中三年作为不同的生涯教育阶段，设置不同的课程目标，具有很强的科学性和可操作性，对学生发展有很强的指导意义。

高中生生涯教育阶段目标及课程模块设计

阶段	一级目标	二级目标	课程模块
高一年级	认识自我	了解和掌握自我认知的科学方法，促进自我意识发展	认识自我
		培养乐观心态，积极应对生活中的挫折，初步了解情绪调节的科学方法，建立自信、积极的情绪	积极情绪
	认识环境	认识、了解高中的学习生活环境，掌握适应环境、适应人际的科学方法，帮助其良好适应	良好适应
		了解高中学习特点和要求，掌握适于高中学习的科学方法，增强入学适应性	学会学习
	生涯认知	明确生涯发展概念，了解自我职业性格潜质、文理能力倾向和社会职业状况，促进生涯意识的发展和生涯目标的树立	生涯认知
		思考生命的意义和价值，感受人与自然的生命和谐，关注生命、热爱生命	关爱生命
高二年级	调节自我	进一步了解自我特点和价值；学会对人生经历进行梳理，对未来发展建立支持；增强在发展进程中自我调节、自我监控的能力	发展自我
		培养感恩、宽容的情感品质，增强生命幸福感，增进生涯发展的美好情感体验	美好情感

续表

阶段	一级目标	二级目标	课程模块
高二年级	适应环境	增强亲子、师生人际交往互动，培养合作、竞争的社会交往能力，学会健康、高尚地进行异性交往	主动交往
		增强注意力、思维力、记忆力等学习能力的提高，为终身学习、有效学习奠定能力基础	提升学习
	生涯发展	掌握生涯发展的方法策略，增强生涯发展的执行力、监控力和调节力	生涯发展
		探索青春期性生理、性心理发展规律和自我要求，建立科学的性伦理、性道德、性价值观，学会自我保护促进生命健康	探索生命
高三年级	发展自我	激发自身潜能，自主发展，自我超越	超越自我
		培养勇敢和坚毅的意志品质，敢于面对挑战，迎难而上，坚忍不拔，获取成功	坚韧品质
	创造环境	进一步了解社会需要，培养职业道德，增强社会责任意识和担当感。澄清在婚姻、家庭、人生方面的价值观，通过对择偶、婚姻的理性思考，有效进行自我调节、提高异性交往的理性	社会视野
		增强考前心理自我调适能力，掌握调节压力、增加动力、科学复习的方法策略，提高应试心理素养和技能	从容应试
	生涯抉择	对生涯发展有清晰的思考和预期，能科学选择升学志愿，为升学就业做好准备	生涯抉择
		进一步增强自我价值感、生命幸福感，尊重生命、珍爱生命	尊重生命

职业体验活动展示

高三（4）班同学将丰富多彩的暑假社会实践进行了汇总整合，以新颖的“三句半”形式加以展现。参赛作品获得评委专家的一致好评，获得了“集体一等奖”。

【周末家庭会议】

1. 家长讲讲自己的职业生涯，

尤其是自己从职业中获得的满足感和幸福感；

2. 有条件的话，父母邀请身边人介绍自己的职业；

3. 孩子进行“探索人生”体验，并讲讲自己将来择业打算。

【教育反思】

家长讲师团进一步拓展了教育资源，拓宽了学校课堂教育，有效地推动了学校的内涵发展。这是一次学生生涯教育的契机，班主任要在这方面的教育上多花些时间，通过系列的体验活动，促使学生思考自己未来的发展方向，为幸福人生做好准备。

高中时期如何规划自己的职业人生呢？一是要了解自己，了解自己的成绩、性格类型。二是要了解大学，了解大学不同的档次、不同的分类，如理工科、综合类、医学类、政法类、语言类、师范类等。三是要了解学科与专业，了解大学专业的科目要求。四是要利用访谈法、实地考察法了解专业与职业。在选考前做大量的基础了解，可以使学生避免盲目选科，保证正确的学习方向。

学习方法提升——学会学习

随着知识更迭的加快，我们更要注重培养学生的思维、习惯、方法和能力。对于大多数学科的学习，只要我们抓住“理解—记忆—应用”这三个关键环节，效果就会较好。在这里，有我们“多彩408”的“三思”——“正思”“深思”和“反思”，有“最正宗”的高考思维模式，学生“每天四问”，进行自主学习，提升思维能力。

但是，不同的学科有不同的特点，数学侧重于解题能力，语文侧重于吸收和表达能力，英语侧重于记忆能力，物理和化学必须重视实验，政治要重视理论联系实际，等等。相对应地，不同学科应有不同的学习方法，我们通过语文周、数学周、英语周和“加三”周活动，介绍各学科学习方法，有助于学生形成良好的学习习惯。

三思而行：思维日

古人云：行成于思，毁于随。著名物理学家劳厄说过，重要的不是获得知识，而是发展思维能力。这是讲多思、善思、深思对于人们行为的成败具有极为重要的意义。人的思维能力是在“三思而后行，行后而再思”的循环往复的过程中不断提升的。

自从开展学科合作组活动以来，部分同学产生依赖心理，遇到难题就想找组内优秀的同学帮忙，自修课随意走动、大声讨论问题等现象增多。如何让教室安静下来，让学生坚持独立思考，保持思维的独立性，进入静思的状态，形成自己的想法，成为当前班级面临的一个重大问题。这也是我们开展自主思维日（无声日）的主要原因。活动由纪律委员张佳辉主持。

一、班级“三思”的提出

在班级建设过程中，我们“多彩408”的“三思”概括为“正思”“深思”“反思”三个部分。这与我们的“正德、丰学、修能”的学校课程理念是一

“三思”

- **正思** 既包含要学会思考，纠正不适合学生的思考问题的方式，又有直面问题、探索解决问题的办法，以培养思维的广阔性和灵活性的意思
- **深思** 就是思考和解决问题不能浅尝辄止，而是要拿出“敢为”的勇气，深入问题本质，真正解决问题，以培养思维的深刻性
- **反思** 就是从学习和工作中总结经验教训，进行自我反省，就知识学习而言，要对自己的思维过程、思维结果进行再认识的检验，进行反思性学习

脉相承的。

“三思”与“敢为”的班级行动指针并不矛盾，其实质还是一致的，因为“三思”也是一种“敢为”，在别人思维没有到达的地方我们先行摸索着前行。只有敢于面对困难、不懈主动探索的人才能有所成就。

二、静悄悄是开展“三思”的前提

告诉学生一个事实：一旦深信并验证自己的思考是正确的，就要敢于坚持，不要一遇到困难就要找同学帮忙。在美国的重点大学，随处可见学生在读书，整个校园充满着宁静的氛围，并不是民间所传那样，在美国读书只要玩玩就可以了。真正的学校要宁静，家也要宁静，要多学习、研究、思考。

为了营造安静的环境，我们采取了以下措施：

（一）布置安静教室环境

在班级侧墙，挂上书法画，一幅是“静悄悄”，一幅是“深思考”。

（二）开展“假声”练习

同桌的两位同学相互练习用假声发音，声音只能在交流的两个人之间听到。课后，学生自己查看班级日志，部分有自修课讲话记录的同学课后再自己练习假声，直到掌握为止。我们的目的是从有声，到假声，再到无声，形成良好的自主思维环境。

（三）写诗营造安静氛围

为了使班级安静下来，我还给同学们写了一首小诗《静悄悄》，并请班内同学进行了修改。虽然还是羞于示人，但这体现的正是我们“多彩 408”“敢为”的态度。

（四）加强自主学习

通过自主学习特征的介绍，强调自主学习的重要性，让学生在平时的学科学习中多开动脑筋，进行自主学习。

1. 自主学习是一种主动学习，变“要我学”为“我要学”。“我要学”是学生的一种内在需要，“要我学”则是基于外在的诱因与强制。学生学习的内在需要，一表现为学习兴趣，二表现为学习责任，有了兴趣和学习的责任，才能称之为自主学习。

2. 自主学习是一种独立学习。独立性是自主学习的核心品质，表现为“我能学”。学生在有意或无意地获取一次成功后，内心的喜悦唤起了他再次获得成功的欲望，他会异常努力地投入到学习中去。

3. 自主学习是一种认知监控的学习。在学习活动前，学生能够自己确定学习目标、制订学习计划、选择学习方法、做好学习准备；在学习活动之中，学生能够对自己的学习过程、学习状态、学习行为进行自我观察、自我审视、自我调节；在学习活动之后，学生能够对自己的学习结果进行自我检查、自我总结、自我评价和自我补救。

三、正思

（一）锻炼自己的思维

正常思维一般都具有以下特征：（1）具体性，具有与客观事物相符合的具体内容，有其真实性；（2）目的性，指向一定的目的，解决某一问题；（3）实际性，具有实际的效应性，并能通过客观实践予以验证；（4）连贯性，思维过程中，前后概念互相衔接；（5）逻辑性，思维过程合乎逻辑规律。思维的主要表达形式是语言，也可以通过书写、艺术品或行动等方式表达出来。

那么，如何锻炼自己的思维？要求同学平时做到"六个多"：

（1）多疑问：对自己陌生的事物多一份好奇，平时在心里多问自己为什么；（2）多猜想：从多个角度去考虑和认识事物，积极锻炼发散思维；（3）多验证：通过自己做实验、翻阅相关文献等方法，纠正错误的猜想，找到正确的理论；（4）多总结：观察事物，认真区分它们的异同，合理组合，进一步猜想或归纳，锻炼聚合思维；（5）多联想：在存储的大量系统知识之间建立联系，构建完整的知识网络神经图，记录头脑中稍纵即逝的新意，积极锻炼创新思维；（6）多利用：平时多看看书，看看侦探片，去参观科学技术博物馆，在生活中多锻炼自己的逻辑能力。

（二）进入"最正宗"的高考思维模式

选考中有的学生对考试说明不够重视，导致有些考试说明中的明确考点都不会解答。针对部分同学在选考中出现的问题，我们开展"'最正宗'的高考思维模式"活动（在"蜕变周"部分会有专门的阐述），即按考试大纲（考试说明）有条理地归结知识和笔记。每次测验过后，马上进行考后分析，对照考试大纲，修补知识漏洞。

以下是某学生按照"'最正宗'的高考思维模式"，复习数学学科的《点、直线、平面之间的位置关系》。要求同学参照这种做法，按条目逐条自主解读考试说明。

第二章　点、直线、平面之间的位置关系

知识条目	考试要求
1.平面 ①平面的概念 ②平面的画法及表示方法 ③平面的基本性质，即公理 1、2、3 ④“文字语言”、“符号语言”、“图形语言”之间的转化	 a a a

（三）“多彩 408”宣传画

按照锻炼思维的“六个多”，对下图图片内容进行抽象、概括，你从中看到了什么？与我们“多彩 408”的现状进行联想、类比，得出图片背后的一些东西。

从图片中我们看到了规矩、热情、自主与和谐！河边整齐排列的栏杆，岸上的景色在水中对称的倒影，都突显了一种规范化，类比班级管理的规矩约束；树上的叶子已经全部红透，和蔚蓝的天空、碧绿的草坪形成鲜明的对比，象征着青年人的学习生活要有火一样的热情；岸上一个穿白色上衣的人在跑步锻炼，按自己的目标和行动计划做事，在一个良好的环境下生活，这对应了同学们在校园、教室、图书馆里目标明确，自主思维，快乐成长；树后面隐约可见的房屋，是人成长成才的温馨港湾和坚强后盾，暗示了我们生活在“多彩 408”这个大家庭里，有一种奋发向上的学习氛围。整合在一起，构成了一幅和谐而美妙的“多彩 408”的宣传画！

四、深思

思维的深刻性是指通过事物的表面现象，看到事物发展的本质规律。司马迁说过，好学深思之士，心知其意。列举一些实例，使学生认识到深思的重要性。如著名学者马寅初认识问题入木三分，他在1957年就提出了新人口论，主张计划生育，可惜没有引起党和国家领导人的重视。

深度的思维，遇到问题有“敢为”的勇气，坚持不懈地思考解决方法，才能在高考和以后的学习、工作中取得大的成绩。按照科学家爱因斯坦所说的“思考、思考、再思考”去做，逐步培养学生思维的深刻性。

（一）深入的思维方式

可以通过下列问题刺激更深入的思维方式：

1. 你已经做了什么？

2. 这些资料的来源可信吗？

3. 你认为这个结果是由什么引起的？

4. 还有其他方法可以完成吗？

（二）挑战难题不退缩

学科组长从历年高考大题中选定一至两道数学大题或其他学科的高考大题，并附上有过程的答案详解。限定50分钟时间，保证组内学生用足时间做题思考而不放弃，并进入“一题分时解”模式。

“一题分时解”模式:（1）不会做的题放弃前，再多思考两分钟;（2）不会做的题不是马上问同学或放弃，而是先跳过，在后续学习时段，先复习相关资料，再思考解决问题的办法;（3）不管是否已经解决，睡前对难题进行思考回顾，这会有助于学生思维的深入，因为人在睡觉时，潜意识还在活动，它能帮我们思考解决问题的办法，很多科学家的成果就是在睡觉时灵感突然闪现而得出的;（4）实在不会做的题仔细看有过程的答案，再不行就去问同学或老师，要求他们提供解题方向和大致的思路，而不仅仅是答案;（5）将错题进行分析，记入错题本中，以备后续复习用;（6）找同类题做一下。

（三）多一些思考

充分发挥考试的激励功能，以“考”代“练”，使学生思考得更深入、更高效，激发学生的思维活力。考试结束后，重做错题，做到“考后100分”。学会超前思维，形成有效预习的习惯，也有助于培养深刻的思维。有部分学生周日提前返校到教室自修，让自己进行更多的自主学习和深度思考，这值得表扬。

五、反思

反思是学习中不可缺少的环节，有利于发现问题，以便及时解决。增强反思技能和反思毅力，总结经验，并对自己的学习进行评估，从而养成管理自己学习的习惯。

（一）题后反思

每做一题，要花几秒钟再回顾一下，哪些是解题的关键。尤其是错题，每个错题都说明了学习的问题所在。这些问题主要出自知识、智慧和心理三个方面。假如以错题为线索，去追根寻源，进行“彻底查办”，想要成绩差都是不容易的。要养成见到错题就“分外眼红”，如临大敌，知错必改，决不姑息的习惯。及时整理错题本。

（二）课后反思

下课后，要求同学不是立即离开座位，而是再花二、三分钟时间回顾一遍上节课的重点与难点、典型题的解法，以及用到的学科思想方法等。及时记录思维灵感，记录即成长。及时整理课堂笔记。

（三）睡前反思

做到“每天四问”，基本涵盖怎么学习的一系列方法，如明确学习目标，突出学习重点，落实学习任务，反思学习过程，评估学习方法等方面。

每天四问（学习反思表）

项目	内容
1. 今天的学习目标和任务都完成了吗？	
2. 各科都学习了哪些重要内容？这些重点内容与其他知识有何联系？	
3. 学习中出现了哪些令人困惑的地方，有无重复犯的错误？记下来思考了吗？问了吗？	
4. 上课是否认真？学习效率怎样？是否有克服困难的信心和毅力？今天最大的收获是什么？	

思维日成效自评反思表

姓名

1. 是否重视本次活动？（重视 较重视 一般 不太重视）

2. 除课堂回答问题和讨论，今天你是否做到更多的自主，更多的“静悄悄”？（好 较好 中 及格 差）

3. 挑战高考难题效果如何？类似的题会做了吗？（好 较好 中 及格 差）

4. 纠错本记录下错题了吗？写下错题反思了吗？（好 较好 中 及格 差）

5. 题后反思、课后反思、睡前反思做得怎样？（好 较好 中 及格 差）

6. 用最“正宗”的高考思维模式，分析考试说明的考试条目了吗？（好 较好 中 及格 差）

7. 锻炼思维的“六个多”，你做过吗？做得怎样？

总体实施效果自评：好 较好 中 及格 差

监督人评：好 较好 中 及格 差

思维日评比结果

思维之星：郭雯莉、王陆斌、厉聪颖、沈怡洁

挑战难题：戴王磊

错题本：叶靖怡、姚昳芳、陈宏宇、曾敏烨

【学生自主思维日感悟】

在观察问题时，不妨问一下自己：为什么是这样的？原来就是这样的吗？将来又会怎样？读书时也不一定完全顺着作者的思路走，可以想一下：有没有相反情况？有没有作者未说明白的道理？这样不断独立思考，逐步培养创造欲、探索欲，就能体会到创造的欢乐，提高学习的实效。（张佳辉）

【周末家庭会议】

1. 孩子反思一周的学习生活，与父母进行交流，介绍班级“三思”情况；
2. 全家人一起去当地的科学技术博物馆参观；
3. 孩子在家整理一周学习内容，挑战高考难题。

【教育反思】

柏拉图说，思维是灵魂的自我谈话。思维是人脑对客观现实的反映，是对客观事物概括的、间接的反映，它所反映的是客观事物共同的本质的特征和内在联系。人的思维属于认识的理性阶段，更是复杂、高级的认识过程。

多思、善思、深思对于人们行为的成败极为重要。我们的“三思”概括为“正思”“深思”和“反思”，激励学生勇于探索，培养学生的思维能力。

完善体系：学科周

把学习方法教给学生，学生就可以受用一辈子。作为班主任，要放大各科任课老师的教学特色和个性特长，对老师多一些赞美，让学生由衷地信服教师，从而建立良好的师生关系。举办班级语文周、数学周、英语周、“加三”学科周，目的就是要与班级学科老师紧密协作，在学科课代表的带领下，开展班级学科竞赛、主题班会等活动，在行政班内营造一种强大的学科学习能量场。一方面，提升学生学科学习兴趣，激发学习动力，形成适合自己的学科学习方法；另一方面，做好一些学科统筹工作，深化学科共同体建设，培养学生良好的学习习惯。

一、营造学科周氛围

通过定期更换班级黑板报、推荐优秀学科教辅、学习小组交流学习方法等形式，引导学生主动学习而不是被动学习，营造学科周的学习氛围。只有自觉接受知识，而不依赖别人的监管，才能真正提高学习成绩。在主动学习过程中，学生是学习的主人，他们始终处在一种亢奋的精神状态中，会想尽一切办法攻克难关。而被动学习，就缺少一种主动探索的精神，老师告诉多少就最多只有多少，学生学得枯燥乏味。两者的成效对比可想而知。

以下是学科周的一期黑板报：

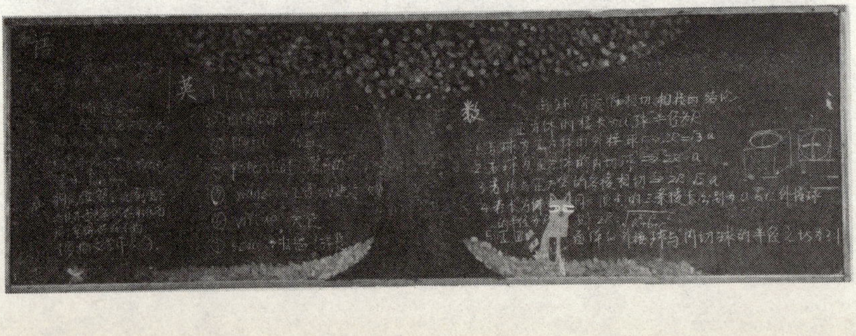

二、引导学生对学习成败归因分析

心理学家张铁忠教授等人发现，中学生对学习成败的归因主要有以下 6 种类型：

序号	归因	效果
1	把失败归之于自己脑子笨、能力差等稳定的因素	这种归因会使自己丧失信心，自暴自弃，放弃努力
2	把失败归之于自己不努力等不稳定的因素	这种归因会使自己重燃希望，变得努力
3	把失败归之于学习难度大等稳定因素	这会使自己学习积极性受影响，甚至会对相应学科失去信心
4	把失败归之于运气不好等不稳定因素	这可能会使自己重新树立信心
5	把成功归之于运气好等外在因素	这会使自己产生侥幸心理，下次不一定会努力
6	把成功归之于自己能力强、努力程度高等内在因素	这既可能使自己满意、自豪，也可能使自己产生骄傲、自负等情绪

班主任在班内进行一个小调查，学生对自己在意的某次失败或成功进行归因，然后与上述的 6 种类型进行对照分析，引导学生去除不利归因。对于个别同学对学习不利的成败归因，教师找学生一对一谈心。

三、指导学习方法，形成良好的学习习惯

在中国的学校，很少有老师教学生如何才能有效学习，因此，学生只有靠自己辛苦摸索，低效学习，结果费了很大的力气，只吸收了需要掌握的知识的一点皮毛。必须掌握科学、实用、高效的学习方法，只有这样才能超越他人，走在前列。每一门学科有其自身的特点，学习方法有共性，也会有所不同，这就要求学生在不断的学习实践中找到适合自己的学科学习方法。

（一）学会思考

孔子曰：“学而不思则罔”。思考是学习的重要组成部分，尤其是在课堂上，我们需要根据老师提供的思考方向去思考，课后才能总结规律，有所收获。理性思维法是文科知识学习的一种方法，就是指在文科知识学习过程中，

把题目分成不同类型，又对每一类型总结出相应的答题模式。

“三思”：正思、深思、反思是我们思考问题的方式。

（二）学会预习

课前需要一定的预习，预习后，学生对于知识的分布有了一定的了解，在老师上课过程中，学生可以跟随老师的节奏，在学习内容的重点和疑惑处下功夫，在相应的位置做好笔记，节约时间听老师讲课，提高课堂效率。如果没有充足的时间，预习不必太细，只简单地浏览一下课本即可。这样听起课来才会有针对性。上课时要认真听讲，集中精力不走神，从而大大提高听课效率，减轻课后负担。但是，很多“金牌”选手不仅提前进行预习，还进行自主学习，有学生在高一时已经学完了高中所有课程，在高三时已经在学习大学课程了。

（三）学会听课

学会听课，提高课堂学习效率，是学业成功的关键环节。

1. 课前做好准备工作，尤其是让情绪进入一种平稳和积极的状态，想一想上一次讲过的内容，以及这一课要上的内容。就是要在物品、生理、心理和知识上做好准备。

2. 带着目的去听课，如我这堂课到底有些什么收获，我是否离我的理想目标更近了一些，以提高学习效率。

3. 在课堂上倾注百分之百的专注度，紧跟老师的思路，遇到理解困难的内容，及时标注或者勇敢地向老师提出。不明白的地方可以先放在一边，继续听老师讲解后面的内容，以免顾此失彼。

4. 积极参与课堂提问，进行师生交流、同学互动，大胆说出答案，开动脑筋、积极思考，即使错也没有关系。主动回答问题是学习成功的保证。

5. 结合自己预习时遇到的困难，重点听老师讲解，多问自己几个为什么，进行难点突破。

6. 在课堂上，遇到重点、难点问题时，老师会主动给学生留时间做笔记，不着急记录，听完了老师的讲解再记。

7. 课尾总结归纳所学内容，盘点收获，不懂的下课马上就问，不怕难为情，做到堂堂清。

8. 许多优秀的学生反映：当堂记忆效果特别好，要善抓重点、合理用时、讲究方法、及时复习，进行当堂记忆。

9. 不同年龄、性别、科目的老师，有着不同的教学方法和教学特点，我们应善于适应不同教师的教学风格，不要因教师的讲课方式不合自己的口味而产生抵触情绪。

（四）学会记笔记

好记性不如烂笔头，课堂笔记可以帮助记住更多内容，上课时集中注意力，而且为今后复习积累第一手的复习资料。但记笔记有时会妨碍课堂听课效率。要做到：

1. 边记边思考，加强理解和记忆，构建自己的知识网络体系。

2. 课堂以听为主，记为辅，记听结合，多关注老师的提示性用语，标注不明白的地方和一些书上没有的典型例题、典型解法，此外，一时无法领会的难点重点需要记录下来认真领悟。

3. 应用恰当的笔记方法，如大纲笔记法，通过构建大纲网络，表现内在逻辑关系；符号笔记法，运用各类稳定的符号和多种色彩的笔；分类笔记法，把相应学科或相应内容的笔记归为一类；图解型笔记，图文并茂；康奈尔笔记法，提高记录速度和效率。

4. 课后及时整理和完善笔记，做好查漏补缺、修改差错和系统加工工作，这也是复习巩固所学内容的一种方式。

（五）学会复习

对自己所学的课程、知识制订复习与自测计划，然后按时执行，这样做符合记忆规律。复习需要有一定的针对性，课本、作业本、笔记本是好助手。课本是基础，作业本是实践，而笔记则是老师所积累的经验，更需要认真去看。三者相辅相成，就会产生良好的复习效果。

1. 每晚睡觉前，应该将当天所学的知识择其要点复述一下，或者默写提纲，或者“睡前放电影”。

2. 双休日休息时间，可将一周来所学课程的内容换个角度提出问题，写在一张纸上测验自己，发现存在疑难或模糊之处，马上解决。

3. 一个单元学完，找一份单元测试卷自测一下，总结学完单元后的收获，并对错题进行深入细致分析，以查漏补缺，及时巩固。

（六）学会分析和总结

正确对待高中的每一次考试，每一次大型考试过后，定是有人欢喜有人愁。那些取得优异成绩的同学不能因此而骄傲自满，因为它只代表过去，将来还需要你更大的努力。而成绩不理想的人也不要失去自信心，要学会分析和总结，鼓足勇气，努力向前。

四、纠正不良思维方式与行为习惯，指导高考复习的学法

（一）高考信心

“高一、高二时没有学好，高三没有信心”是不对的。要比自己学习的刻苦程度是否进步。

（二）四个超前

“老师让做什么就做什么”是不对的。高三的学习方法与高一高二不同，做到“四个超前”。超前想：老师提出课题后，在老师讲解前想出解决问题的途径和方法。超前做：出示例题后，要在老师讲解前发现思路，甚至做出结果。超前总结：老师做完解答后，尽量在老师讲解前对解题过程进行反思，做出总结。超前提问题：老师做出总结后，要超在老师前面，发现问题，提出问题，并且研究问题。

每天课后还要完成两项任务：深抠理论和概念、深抠例题。

（三）自主探索

“见到题目找不到思路，就马上看答案”是不对的。经常“三问自己”：学懂没，领悟没，会用没。注意“三种作业方式”：看、想、练，看书及习题，例题先不看答案，习题不求助于人，自己做一遍，再对答案，静下心来想，反思有无更好方法，注意点是什么。做书本典型例题习题，做错题。

（四）题后思考

“做完一题就着急做下一题”是不对的。波利亚说，回顾是“领会方法的最佳时机”。理解了10道题型的收效要大于匆忙做100道题。

做完一道典型例题，引导学生独立思考：它该从哪个角度切入，为什么？做题过程中，思考为什么要用这几个原理，为什么要这样对式子进行化简？做完后，回顾一下为什么这个解题方法适合这个题，还有无更好的解法？

总结可以培养抓住问题关键；总结可形成整体结构网络，揭示知识内在联系；总结可培养良好的题感。

（五）错题深究与回练

“专挑那些高于自身水平的错题做”是不对的。在建立错题本的基础上，需要进行错题深究与回练。但错题有两种：太难不会和会但粗心做错。第二种错题最有价值。剪贴试卷中的第二种错题和代表性的好题，并定期回练“星级

题”。隔一段时间，将“错题集”中的题再做一遍，第一次做不出画一个五角星，过一段时间，把第一次做不出的题再做一遍，如还是做不出，再加一颗星，变成“二星级题”，如此下去，经过三次基本就会做了。

（六）考试策略

“有些学生专挑自己会的做，有些则对自己做错的题纠缠不清，不管自己的能力有没有达到这个水平”是不对的。要准确把握自己在每一块知识板块的提升空间。有所不为（如差生放弃难题）是为了更好地有所为。考试时先做会做的；时间分配好；填空题慎重。提倡：慢做会，求全对；稳做中档题，一分不浪费；舍弃全不会。运算能力培养：先限时训练，后满分训练，最后两者结合。难题可适当降低难度。

（七）重视课本例习题

“高考不需要教材”是不对的。据媒体报道，有一年的湖北高考数学卷，理科有 98 分、文科有 110 分源于教材，是对课本例题、习题的加工引申而来的杰作。各章复习前，学生阅读课本并做复习参考题，吃透基础知识；还要进行课本经典例习题的拓展探究。

五、选辅导书的原则

第一，尽量选择影响力大的出版社出的书，如人民教育出版社、上海教育出版社、清华大学出版等；

第二，高考专家写的书，最好是其独立完成的，因为独立完成的书，往往会有专家自己独到的见解，如：《王大绩讲高考：语文优化备考方案》《王连笑高考数学专题复习讲座》等；

第三，要关注书本的版次和印次，一般选用版数要求是近一、两年出版的，这样书本内选编的题目会比较新颖，符合高考命题趋势，如果是近年出版的第 2 版或更高版次就更好，说明这本书还在不断更新优化，对于印次来说，当然是印刷次数越多越好，说明书本深受广大读者喜爱；

第四，一轮复习时每门学科除了学校统一征订的参考资料外，再选择一到两本辅导用书，一般挑选同类书中最厚或较厚的那本，因为容量大的书里面的学科知识会比较全面，有利于进行系统全面的复习；

第五，选用适合自己的书，自己缺什么就补什么，一旦发现薄弱环节，赶紧研究对策，选购相应的图书，如市面上很多书是针对学霸如何解答高考压轴题的，这些书对很多“中间生”就不一定适合；

第六，应选用讲解题方法和思路的教辅书。

【周末家庭会议】

1. 如果孩子愿意，家长可以陪孩子去书店购买一些学习资料。当然教辅书只起到辅助学习的作用，更重要的是用好教材、考试大纲、考试说明；

2. 孩子谈谈自己近阶段的学习，家长指导孩子对学习成绩进行成败归因分析。

【教育反思】

有一项调查显示，学生想要学习成功，主要抓好三个要素：基础、勤奋和方法。学习要循序渐近，打好基础；学习要注意非智力因素，尤其是勤奋刻苦的品质；比掌握知识更重要的是掌握获取知识的方法。

不同学科应有不同的学习方法，对于大多数学科的学习，只要我们抓住“理解—记忆—应用”这三个关键环节，效果就会较好。但是，不同的学科有不同的特点。在学习的过程中，要针对不同学科的特点，采用不同的方法。在学习数学时，就要在掌握基础知识的同时，多做一些有代表性的题目；在学习语文时，就要多阅读一些资料，并注意结合阅读培养写作能力；在学习英语时，要加强记忆，尽可能多记一些单词、短语和句子，为提高听说读写能力奠定基础；在学习物理和化学时，要培养动手操作能力和实验技能；在学习政治时，要关心国内外大事，联系自己的生活实际。学习中善于探索不同学科的特点，并按照其特点来学习，就会事半功倍。

提升兴趣：语文周

媒体上经常会提到，实行新课程改革后，高考的整体难度有所下降，语文的区分作用因此而更加显著。而语文学习是一个长期积累的过程，语文更是对考生阅读理解能力和写作表达能力的考验。在语文老师陈巧玲的支持下我们班级开展了“语文周”活动。

一、重读《劝学》，感受文字的力量

荀子的《劝学》是高一第一学期的一篇古文，它勉励人们要不停地坚持学习，只有这样，才能增长知识，发展才能，培养高尚品德。荀子的散文说理透彻，气势雄浑，语言质朴，句法简练缜密，多排比，善譬喻。

这篇文章中，有很多佳句，如“学不可以已”“博学而日参省乎己”“善假于物也”“积善成德”“锲而不舍，金石可镂”“用心一也”“不积跬步，无以至千里”等。让学生重新朗读和背诵这篇文章，学生都觉得有新的收获。学生们找出关键词，如“博学”“省己”“假物”“积善”“积跬步”“用心一”“锲而不舍”等，而再将这些词进行筛选，确定自己的“励志词”，激励自己奋发向上。

二、语文竞赛，激发学生语文学习热情

各学习小组选派参赛选手代表本组背诵《论语》(宪问篇第十四)。

竞赛以学习小组计分，每个小组同学都制作了学号签，每组抽取两位同学代表本组学生成绩。每组抽取的两人，第一个抽到的为参赛选手，另一人为背诵考核人员。在限定的时间内一次性过关则全组得20分，如果没有背出，则可在组内另选一同学代表全组背诵，背出得15分，否则得10分。共进行两轮。

【原文】子曰："君子而不仁者有矣夫，未有小人而仁者也。"

【译文】孔子说："君子有不仁德的时候，而小人没有仁德的时候。"

【原文】子曰："贫而无怨难，富而无骄易。"

【译文】孔子说："贫穷而能够没有怨恨是很难做到的，富裕而不骄傲是很容易做到的。"

……

在背诵比赛结束后，邀请背诵优秀组的一位同学作经验介绍：

记忆是有方法的。首先，通读原文和译文，对整个内容有一个大致的了解。其次，熟读每句，圈出其中的关键词，在此基础上进行背诵。再次，将这些关键词串联起来，形成一个有机的整体。例如，"贫与富""德与怨""言与行""言与为"和"君子与小人"，都是相互对应的两个词语，将它们编成一句话"君子与小人的嫌贫爱富、以德报怨，都通过言和行、言和为表现出来"；而"士""邦""事君""君子"和"学者"，则可将它们按照"国家、君王、君子、士、学者"的顺序进行记忆。

三、榜样示范，掌握正确的语文学习方法

（一）理性思维法

以理性思维法解决语文问题不失为一种学习方法。对语文阅读题，可分成小说类、散文类、说明文类、人物传记类、议论文类等不同文章类型。通过解一定量的题，结合各种参考书，总结出各种文章类型的阅读题的相应解法。在答题时搜索头脑中相似的题型，然后按相应的题型套路答题。

（二）"文学之星"谈语文

邀请校园"文学之星"高三（5）班的方同学谈语文学习：

多读：多读书，读好书，意思是读书要有挑选。放弃阅读的借口成千上万，我们一个也不要沾染。拿出玩手机的时间去坚持阅读经典，那里有意想不到的惊喜在等着你。

多写：不动笔墨不读书，做摘记也是必要的，但不要仅仅只是摘录作者遣词造句而得的华丽城堡，更要感受文章整体的深远寓意。不断地写，进步在简单的文字间自然显现。

多看：我经常遇到写文章无话可说的情况，挤牙膏一样蹦出来的文章难免显得不那么流畅。素材需要寻找，生活需要感受，文字才够真切，才

有魅力。

多想：夹叙夹议的文章往往比机械地叙事更打动人心。而那些精彩的议论并不是平白产生的，而是一些宝贵想法的串联。每个人都有灵感喷涌的时刻，这是转瞬即逝的时刻，需要我们及时记录下来。

四、鼓励投稿，激发学生创作热情

要做生活的有心人，多接触社会、了解社会，关心时事和社会热点。鼓励学生发扬“敢为”精神，勇敢表达，写出优秀作品，踊跃向《青年文摘》《嘉兴日报》等报刊杂志投稿，不怕稿件石沉大海。学生发展个性特长的途径之一就是勇于投稿。

（一）学生介绍发表作品

陆洋同学介绍自己在《嘉兴日报》“优秀作文赏析”栏目上发表的作文《晚行歌》及郭老师的评语。

（二）老师介绍发表作品

古镇新塍
充满幸福记忆的一座城

■文/摄 张林华

介绍张老师在《嘉兴日报》上发表的作品《古镇新塍——充满幸福记忆的一座城》，以此鼓励学生：一个数学老师都能做到的事情，你一定也能做到。同时，向同学们展示了我在《青年文摘》网络版上发表的《初春的柳树》，并邀请班内文学水平高的同学帮我修改稿件，提升老师的文学水平。此外还向同学们介绍了注册《中国诗歌网》，在网上发表诗歌作品，与诗友们学习交流的情况。

（三）介绍《嘉兴日报》投稿方式

因为该报“读城”栏目是一个全新的栏目，群众知晓度不是很高，所以投稿被采用的概率会更高。

《嘉兴日报》“读城”栏目：

城市是一本书，我们一生都在阅读它。“读城”栏目今起开栏，邀请生活在嘉兴的你来读城。

来稿体裁不限，每篇字数在1500字左右。要求有细节，有温度，忌泛泛抒情和空谈。来稿信箱：hzaprilday@126.com，来稿请注明“读城”栏目。如有与文字相关的图片，请一并附上。稿件一经采用，稿酬从优。

五、品读美文，感受文学之美

在实际教学中，学生往往面对佳作美文时，能有美的感觉而无美的感受，欲说又难言。我们要以文本为中心，重视语境对语义分析的影响，加强对阅读细化以及深化的理解，挖掘作品隐含着的意义和价值。最终让学生读美文，品出美，进而爱上阅读，爱上语文。

根据俞庆浩老师开设的选修课程，我们开展了“品美文，感受文学之美”活动。

岁月无声亲情恒远

【头脑风暴】

生命总在成长，而成长的过程中，亲情的力量一直在支持我们成长。亲情的文章大家见过不少，也写过不少，对于写好此类文章，大家有什么心得和感受呢？

【名作样本】龙应台《目送》

【方法点拨：以点破面法】

真正的好文，有时未必通篇奇崛，但往往有那么一句话可以冠绝全文，或者让人回味无穷，而当你吃透了这句话再回头翻看文章其余之处，你会豁然开朗，原来作者早有伏笔，一直在蓄力，只等在这里崩然而发。以点破面，当然关键在于对这点的理解和把握，而这与文本的整体阅读并不分离。

其实在我们的必修课文中这样的例子也有很多，比较典型的就是朱自清的《荷塘月色》，文章貌似是一篇纯写景的美文，但其实如果你抓住了“这几天心里颇不宁静”切入，进而领会其写宁静的月色、宁静的树影、宁静的荷花，都是作者反衬手法的妙用，其实隐含的是对社会现实当下的不满和批判，那么文章就读进去了。

【思考与讨论】

龙应台的这篇《目送》，你找到了那个以点破面的“点”了吗？你能理解其中的深刻含义吗？

参照刚才的解读方法，请同学自己来立足文本，赏析一篇名家名作——庄因的《母亲的手》。

【学生感悟】

朗读一定要将情感投入进去，进入角色之中，因为投入不够所以收效甚微。（裘同）

【周末家庭会议】

1. 孩子向家长谈谈自己的语文学习情况；

2. 家长与孩子聊聊自己学习语文的一些方法和感受。

【教育反思】

班主任对理科偏科学生应多些关注，主动与他们交流谈心，改变他们的学习观念，让他们重视语文学习，积累好词好句好段，要求他们增加课外阅读量，开阔视野，陶冶情操，提升语文学习兴趣，形成良好的学习习惯。

加强方法：数学周

为进一步营造良好的班级数学文化氛围，提高学生学习数学的兴趣，增强学好数学的信心，我们举行了“数学周”活动。本次活动通过注意力训练，提升数学学习方法，让学生感受数学的魅力，享受数学带来的乐趣。

一、注意力训练

注意力是指人的心理活动指向和集中于某种事物的能力。俄罗斯教育家乌申斯基曾精辟地指出：“‘注意’是我们心灵的唯一门户，意识中的一切，必然都要经过它才能进来。”

11	18	24	12	5
23	4	8	22	16
17	6	13	3	9
10	15	25	7	1
21	2	19	14	20

舒尔特方格（Schulte Grid）是在一张方形卡片上画上 1cm × 1cm 的 25 个方格，格子内任意填写上阿拉伯数字 1 ～ 25 共 25 个数字。训练时，要求被测者用手指按 1 ～ 25 的顺序依次指出其位置，同时诵读出声，施测者一旁记录所用时间。数完 25 个数字所用时间越短，注意力水平越高。

说明：“舒尔特方格”不但可以简单测试注意力水平，而且也是全世界范围内最简单、最有效也是最科学的注意力训练方法，同时又是心理咨询师进行心理治疗时常用的基本方法。实践证明，大多数孩子当然也包括成人，只要坚持每天或者隔天做 3 ～ 5 次舒尔特图注意力的练习，一两个月后注意力便会有明显的改善。舒尔特图测试一般成绩在 20 秒钟，10 秒钟以内为非常优秀的成绩。这个测试也可以当作一个和朋友或者家人互动的游戏来做，在平板电脑以及手机上都有相应的免费软件下载，搜索“舒尔特图”即可。

二、提升数学学习方法

俗话说："不懂装懂，永远饭桶。"只有经过自己思考，并且没有疑问的知识，才能称得上内化为自己的知识。而知识的获取，如果有好的学习方法，则可让你事半功倍。

（一）标注疑惑及时解决

在预习或写作业时，一定要标注出自己有疑惑的地方，这就是你自己的疑点和难点，不怕难为情，不嫌麻烦，或问老师或问同学，坚持不懈地解决它，否则你的疑问会越来越多，思维堵点增加，最后成绩退步，自信丧失。

（二）明确解数学题的目的

做数学题的目的主要是熟练掌握知识，检测知识漏洞，找出这类题的思想与方法，并熟悉高考出题规律。做题时多想想，尝试从各个侧面思考，用不同的方法进行解答。

（三）掌握数学概念

掌握数学概念有两种方式。一是从大量的实例中总结归纳出关键特征，加以概括抽象形成概念，称之为概念的形成。二是利用已有知识去理解掌握新概念，称之为概念的同化。学习概念时应抓住三点：（1）概念的内涵。即概念所揭示的对象的本质属性；（2）概念的外延。即概念所包含的对象的全体；（3）概念的符号表示。数学概念一般都有简洁、严整的符号，只有掌握概念的符号表示，才能使运算成为可能。掌握概念时还应注意：（1）掌握概念本质属性的其他表示形式，以加深对概念的理解；（2）掌握相关概念间的本质区别和相互关系，使掌握的知识系统化、条理化；（3）定义概念中的条件为充分必要条件，即既可作为判定定理又可作为性质定理。

（四）寻找做题易错的原因

学生做题易错，一般有其自身的原因，概括起来主要有如下四点：

1. 有同学经常犯概念题的错误。这类学生可在学习一个新的知识点后，试着用自己理解的语言讲解出来，可以讲给自己、同学或老师听。讲解的过程就是一个复习巩固、加深理解的过程。

2. 有的同学学习态度不严谨。每次做题时抱着随便应付的态度，结果可想而知。做题时认真对待每一个题目，心里默念"一定要做对题"，尽量提高做题的准确率。要明白"志不强者智不达"的道理。

3. 没有好的学习习惯。通常情况下，很多学生都会有一些坏习惯，如写完作业不检查，解题不打草稿，甚至连关键步骤都简略直接写答案，这些都在一定程度上影响了他们的学习成绩。通常班级里那些学习成绩好的，他们的作业基本都是特别工整，步骤写得非常清楚。

4. 审题不清。学生在做题过程中，没有把问题看明白，或是不能把问题看明白。这是一个审题能力、审题习惯问题。可以圈出题目中的关键词，对关键词进行深入地分析研判，挖掘题中的隐含条件。

（五）重视错题本

错题本就是记录平时考试或写作业过程中的错题的本子。把做错的典型题目记录下来，并经常翻阅或重做，有助于帮助学生加强理解，避免重复犯错。

1. 建立错题本。学生对是否完成老师布置的作业很重视，而不太重视后续的核对答案、订正错题等工作。如果学生错的多，老师可能在课堂上讲一下，但学生听过就以为自己听懂了，也就不再深究下去，而没有讲过的题可能就随它去了。错题本最好从高一开始建立，记录自认为有困难的题目，并不断累加完善。在高考复习后期，统计多套试卷的失分点，建立错题档案也是一种有效的学习方式。错题本可以采用活页形式，这样，可将不同时期的错题整理归类，便于找出自己的不足之处。

2. 错题打星制。错题本上的错题实行打星制，到考试前再翻阅一下，更是能够加深印象，对提分有帮助。参考学科周时的做法。

3. 分享错题本。从别人的错误里吸取经验教训也是学习的一种途径，鼓励同学之间相互分享错题本，相互学习借鉴。老师带学生一起对错题进行分析总结，抓住重点，有针对性地复习和训练。

（六）多一轮复习

进行“五轮复习”：一轮——针对学考，复习知识点，提高基本解题技能；二轮——针对高考，跟着老师的节奏进行专题复习；三轮——高考题练讲，提升数学思维能力；四轮——按高考考试说明复习课本，做相关考题；五轮——查漏补缺，错题回练。

（七）利用现代信息技术提升数学素养

传统的教学模式有些单一呆板，教师讲得累，学生学得也不轻松。而现代信息技术图文并茂、声光电结合，其表现的内容生动丰富，更具吸引力，更能展示数学本质，感受数学的思想和价值，调动学生的多种感官参与学习，为学

生的学习和发展提供丰富多彩的教育环境和有力的学习工具。

在教会学生运用《几何画板》的基础上，学生进行数学概念、法则、公式的探索、验证，数形结合得出数学结论，学生通过动手操作去掌握知识。

（八）基本模型

“基本模型是我家，快捷做题就靠它”。要记住一些固定模式和可操作性步骤。

三、学习小组共同研究高考数学

在数学小组合作学习中，我们采用了“小先生制”。扮演教师的负责学生事先掌握学习材料上的内容，并在学习时检查小组交互行为。

具体做法:（1）由一名小组成员扮演教师，即“小先生”，其他成员扮演学生;（2）“小先生”向其他成员讲授学习内容，而后组织小组活动;（3）在其他成员进行小组学习时，“小先生”对此进行观察和监控;（4）“小先生”检测学员学习情况，并对小组活动进行评价和反馈。

“小先生制”适用范围: 适用于有正确答案、目标明确的学习活动。

（一）交流高考考试说明

用“最正宗”的高考思维模式学习。数学学习小组内分解任务，每位学生承包一部分，逐条保质保量的完成数学考试说明。

（二）只讲一遍

同一学习小组内学生相互帮助，会的同学教不会的同学，但是同一问题只教一次，主要讲清楚遇到问题时是怎么想的，而不只是给出答案。如果后面有同学再问到这个问题，那么由被教会的学生进行讲解。教别人的过程也是知识梳理内化的过程，学习效果最好。

（三）研究数学高考卷

做近两年高考数学卷，高考题常常在知识网络的交汇处设计试题，要求学生找出各题考查哪个知识点或是由哪些知识点组合而成。同一小组内同学分享学习体会。

（四）设立两个数学课代表

两个数学课代表，一个“事务型”课代表，管理学生作业本和学习园地内数学相关内容的更新；另一个“学术型”课代表，课余时间上讲台教学生数学题。

通过“数学周”活动，学生充分感受了数学的魅力，体会到了解决数学问题的乐趣。

【学生感悟】

至于数学怎么学：多做题是很重要，找到类似的解题方法更重要！要学会将数学习题分类（学霸笔记）。（戴王磊）

我在无聊的时候会掏出数学课外作业，挑自己最喜欢最擅长的章节做！你会从简单中找到自信，从稍难题中找到花费时间后做出来的那种兴奋感！（张佳辉）

【周末家庭会议】

1. 孩子向家长谈谈自己的数学学习情况；

2. 家长与孩子聊聊自己学习数学的一些方法和感受。

【教育反思】

数学成绩对学生的心理影响很大，有些数学学习成绩不理想的同学会认为自己笨，比不上聪明的学生。在文理不分科后，原来的“文科生”在“理科生”面前更加自卑。班主任要主动找成绩差的学生谈心，给予他们更多的鼓励，多做题，多总结，用好错题本，在数学解题过程中获得成功的喜悦，不要丧失学好数学的信心。数学学习共同体的组建，有助于形成互帮互助的学习氛围。

另辟蹊径：英语周

英语词汇是构成语言最基本的材料，扩大词汇量是提高学生听、说、读、写能力的前提，词汇教学是中学英语教学的重点。因此，提高学生学习词汇的兴趣，掌握科学的单词记忆方法，成为我们“英语周”学习的重点。只有遵循教学规律和遗忘规律，运用科学的记忆方法，中学词汇教学才会出现突破性的进展。高考前 43 天，在英语老师华玉玫的支持下我们进行了“英语周”活动。

一、介绍英语学习方法

聘请英语优秀学生作英语学习方法介绍：

（一）英语阅读

可用理性思维法，将阅读题分类，形成各种类型的答题方式。

（二）英语听力

集中时间高强度训练是值得尝试的提高英语听力的一种做法。如每次听两小时，做五六篇听力题，坚持一段时间。也有老师提出要多听高考真题，一份真题反复听，直到全部掌握关注的真题。

（三）英语写作

英语写作套用模式是低层次的做法，要提升写作层次，就要不断创新和完善写作结构，提升逻辑性和思想性，使文章显得自然、优美，做到言之有物。

二、英语单词比赛

以学习小组为单位，进行英语单词比赛，根据汉语意思写出英语短语。

1. 期待，期望　　2. 与…相处，进展　　3. 扮演一个角色

4. 下决心，决定　　5. 事实上　　6. 作为报答，回报

7. 看重，器重　　8. 一个接一个地　　9. 结果

10. 处理，对付　　11. 按照，根据　　12. 说实在地

三、学习构词规律

每种语言都有其自身的构词规律，掌握这些规律，就便于记忆。英语单词是由词素（词根，词缀）构成的，单词的核心是词根，单词的附件是词缀，词根在词中起着重要的作用。一个词根的意义决定了一群单词的意义。当然，不是所有的单词都是由词根 + 词缀组成，还有其他的构词法，比如复合法等。部分常见的英语前缀如下：

（一）表示否定意义的词根

de- 除去，取消，离开：desalt 除去盐分，detrain 下火车

dis- 不，无；相反：dislike 不喜欢

il-［用在 l 之前］不，无，非：illogical 不合逻辑的

im-［用在 b，m，p 之前］不，无，非：impossible 不可能的

in- 不，无，非：incorrect 不正确的，错误的

ir-［用在 r 之前］不，无：irregular 不规则的

mis- 误，错；恶；不：misunderstand 误解

non- 不，非：nonsense 胡闹，胡说

un- 不，无：unhappy 不快乐的；unmanned 无人驾驶的，被阉割的

（二）表示数量的词根

bi- 两，二：bimonthly 两月一次的

di- 二，双：disyllable 双音节词

twi- 二，两：twifold 两倍

tri- 三：triangle 三角形

deci- 十分之一：decimetre 分米

kilo- 千：kilometer 千米，公里

milli-［也作 mille- 或 mill-］千分之一，毫：millimeter 毫米

demi- 半：demigod 半神半人

hemi- 半：hemisphere 半球

semi- 半：semicircle 半圆

（三）表示其他的词根

anti- 前，先；反对；相反；防止：antiwar 反战的

auto- 自己，自动：autobiography 自传

bene- 善，好：benefit 恩惠，利益

co- 共同：coaction 共同行动

col- 共同：collocate 并列，并置

com- 共同：combine 联合，结合

con- 共同：concolorous 同色的

en- 置于 ... 之中；登上 ... ；使上 ... ：enjoy 使高兴

ex- 出，外，由 ... 中弄出：export 出口

extra- 以外，超过：extraordinary 格外的

fore- 前，先；预先：foretell 预言

intro- 向内，入内：introduce 引入，介绍

macro- 大；宏；长：macroworld 宏观世界

micro- 微：microworld 微观世界

mini- 小：minibus 小型巴士

multi- 多：multipart 多部件的

out- 过度，超过：outdo 胜过，优于

over- 过度，太甚；在上；在外：overstudy 用功过度

post- 后：postwar 战后的 /postgraduate 研究生

pre- 前；预先：prewar 战前的

pro- 向前，在前；代理：progress 向前进，进步

re- 回，向后；重复：return 回来，返回；rebuild 重建，再建

step- 后，继：stepmother 后母，继母

sub- 下；亚，下级：subway 地铁；subhead 副标题

super- 超，超级；过度：superspeed 超高速的

tele- 远：telescope 望远镜

trans- 越过，横过；变换；超：transplant 移植

under- 下；不足；［用于衣服］内：underground 地下的

vice- 副：vice-chairman 副主席

四、联系学习法记单词

背单词有两种模式：一种叫做日积月累，一种叫做快速突破。刚开始听说快速学单词是在“懒人听书”里听到的，觉得很神奇，一连听了好几遍，很想尝试一下。后来，发现在书店有很多图书介绍了快速记忆的方法，如吴帝德著的《超实用记忆力训练法》和石伟华著的《学霸都在用的超级记忆术》等。通过学习，我明白了一个事实：通过科学的记忆方法可以实现单词学习的快速突破。

大脑可以把没有生命的信息转化为图像和观点，当我们把信息当作大脑里的一幅图像时，就可以在信息之间随意来回切换，因而理解力也得到了提升。我们可以把每个单词都生成一幅用字母画的图像，因为单词本身只是立体图像的符号。神经学家约翰·梅迪纳（John Medina）说过：“你听到一条信息，三天后只能记住其中 10% 的内容，而如果把它变成一幅图像，则可以记住 65% 的内容。”

可能有人说：“我无法在大脑里生成图像。”虽然，这不是我们大家本能的思考方式，但这种方法是行之有效的。我们可以轻松地记住名词和形容词，因为它们都有具体的意义，可以不费力气就在大脑中生成图像。而针对大多数抽象的单词，我们可以人为地赋予其意义。用想象力把信息和自己的生活相关联，让信息更富有意义，那我们就更容易记住。

除了谐音法、形似法、拼凑法、归纳法、综合法外，编码记忆法是一种常用的快速突破英语单词的方法。快速突破就是“每天花 1 ～ 2 小时的时间，来记忆 100 ～ 200 个单词，如果是假期，一天用 5 ～ 8 小时来记至少 500 个单词，然后用一周时间记住 3500 个单词。”（说明：这一说法摘自以上著作，未经本人证实。）

这里的编码是指对字母或者一些字母组合进行编码，编码的原则和数字编码相似，就是用谐音法、形似法、特殊意义法等。

以下是常见的单字母和多字母组合的编码方式（前面提到的英语前缀就是最常用的编码方式，学生还可以根据自己的习惯进行编码调整）：

a 一个　b 6（汤勺、滚铁环）　c 月亮　d 得（德）　e 鹅　f 拐杖　g 鸽　h 椅子　i 蜡烛　j 钩子　k 肯德基　l 棍子　m 麦当劳（驼峰）　n 桥（门洞）　o 太阳（乒乓球）　p 旗子　q 9（气球）　r 小草　s 蛇　t 小伞　u 船（空杯子）　v 胜利　w 双赢　x X 号（剪刀）　y 高脚杯（晾衣叉）　z 2（闪电）

ab 阿爸（阿坝） ad 阿弟（AD 钙奶） ag 阿哥（age 年龄） ap 阿婆（阿噗） af 阿飞（阿肥、爱妃） al 阿里（阿力） at 在（阿嚏） ay 阿姨（爱意） am 是（阿妈、阿妹） ak AK47（爱哭） ac 牌 A（哀思） ar 啊的一声（AR 技术）

ba 把（爸） br 保龄球 be 是（bee 蜜蜂） bar 酒吧

cr 超人（粗人） ck 出口（粗口） cu 粗 com 来（商业网站） comp 公司（company） 比较（compare） ch 吃货（吃荤） con 坏掉的高尔夫球杆（因为 c 是坏掉的高尔夫球杆，把球 o 打进洞里） co 合作（一氧化碳、可乐） cl 窗帘（创立） cu 粗（醋） corre 正确（correct） candi 蜡烛

dis 不、除去（敌视） dr 敌人 dy 敌意 del 删除 de 得到 du 读（毒） dip 敌赔（地陪）

ed 耳朵 edi 爱迪生 em 恶魔 equ 等于 ee 眼睛 ef 英孚英语（姨夫） es 耳屎 et 外星人 ex 一休 ey 恶意（鳄鱼） er 的人 econo 经济 eva 伊娃 extra 额外的

fe 飞蛾 fl 飞了（飞来） ff 狒狒 fr 飞人 fre 新鲜的（fresh） ft 飞艇

gr 高二 gl 格力空调 gn 高难（高能） gram 程序

hel（帮助 help） hu 虎 hr 黑人

ic IC 卡 id 身份证 ie 浏览器 ing 鹰 ip IP 地址 iq 智商 inter 国际的 it 它 iv 罗马数字 4

ja 家 je 机翼 jo 开玩笑（joke） ju 句子

ki 吻（kiss） ko 扣子

ll 筷子 ly 老鹰 lt 楼梯 lent 长度

mi 蜜 mm 美眉 mon 星期一 mb 抹布 mis 错误 memb 成员（分子）

ne 哪吒 ng 能够

oo 眼睛 ob 元（圆）宝

pe 胖鹅 per 每一个 pl 漂亮 po 泼水节（山坡） pt 葡萄 pr 仆人 py 朋友

ro 肉（rou） rt 人体 ry 人妖 rm 人民 ru 如家酒店 re 重复（repeat） refu 拒绝（refuse）

se 色彩色调 st 石头 str 石头人 ss 两条蛇 sh 她 sis 西施 sc 蔬菜 su 苏州 sw 食物（生物）

tr 天然（铁人） th 天河（天黑） ty 天涯（田野） ter 特别（的东西）

tion 神　to 到　trans 翻译

un 联合国（前缀不） uni 联合的　um 幽默　ur 幽然（幼弱）

Ve 维生素 E　ver 版本（动词 verb） ven 数学文氏图　vo 五元（圆） voi 声音　iv 4　vi6

wr 污染　wy 乌鸦（乌云） wo 我　wor 工作

xy 蜥蜴

yo 悠悠球（你）

五、推行英语词汇快速记忆法

为了在班级内顺利推行快速记单词的方法，我在世界图书日当天，从新华书店购买了《超实用记忆力训练法》送给班级同学，并做了学生思想动员工作，让学生体验图像记忆单词的魅力，感受到快速记忆单词的方法。

（一）谐音法记单词

1. abandon 丢弃、放弃　谐音是“啊笨蛋”，记忆图像是“一个笨蛋被他的团队抛弃了”或者记成“一个板凳被抛弃了”；

2. envelope 信封、封皮　谐音是“安慰老婆”，记忆图像是“用信封装好钱去安慰老婆”。

（二）形似法记单词

loom 织布机　这个单词的形状像数学中的“100m”，大脑中的图像是“在织布机上织出了 100m 布”。

（三）归纳法记单词

就是把很多相似的单词归纳到一起，然后一次性突破。

如 bear、cear、dear、fear、gear、hear、near、rear、tear、wear、year；bangle、dangle、fangle、jangle、twangle、tangle、entangle、untangle、wangle。

（四）联系学习法记单词

在同学面前展示世界最长单词的背诵，这个单词有 45 个字母：pneumonoultramicroscopicsilicovolcanoconiosis 意为一种肺部疾病。

首先我把这个单词拆分成了四个部分 pneumonoultr+amicroscopicsili+covolcan+oconiosis；再对每一部分分解并赋予图片。Pneumonoultr：p 旗子 ne 哪吒 u 船 mon 星期一 ou 我们 l 棍子 tr 铁人，旗子拿在哪吒手上，哪吒乘在船里，那天是星期一，我们哪吒拿着他的兵器棍子成了铁人；amicroscopicsili：a 一个

micro 微小的 s 蛇 copics 拷贝多个 ili 棍子两边有蜡烛，合起来就是一条微小的蛇拷贝多次成了棍子两边的两根蜡烛；covolcan：co 可乐 vo 五元 l 棍子 can 一罐，连起来就是可乐五元，拿着棍子就给一罐；oconiosis ：o 太阳 co 可乐 nios 发出噪音 is 是，太阳喝了可乐发出噪音是真的。

学生们热情高涨。接着举更多例子说明：

cliff 悬崖　cl+i+ff 窗帘被蜡烛点燃了，狒狒跳上了悬崖

gesture 手势　ge+s+ture 鸽子和蛇真的在打手势（虽然它们都没有手）

comedy 喜剧　come+dy 来了位老大爷演喜剧

allowance 补贴　allow+an+ce 只允许一个厕所有补贴

chaos 混乱　chao+s 吵死了，因为太混乱了

compose 谱写　com+pose 来摆个 POSE，然后把它谱写出来

sow 下种 “嗖嗖嗖” 地下种

democracy 民主、民主制　de+mo+cracy，德 + 猫 + 疯狂（看成 crazy），在德国的一次民主大会上，一只猫疯狂地冲上讲台

六、活动效果

下面是两位学生的单词编码：

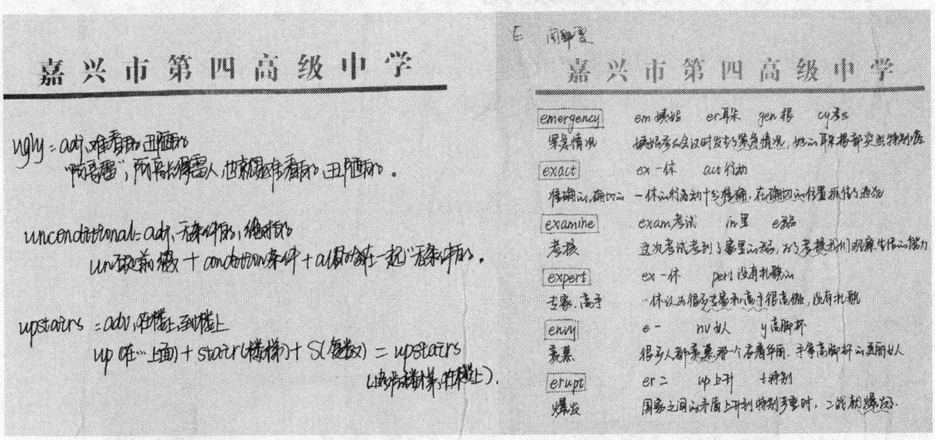

通过实践，我发现这个方法可能更适合于原来英语基础较差的同学，尤其是英语单词不过关的男生的速成提高。实行它的前提条件是做好单词的编码工作，当然这是一个长期而艰苦的工作。

男生 202 寝室重点抓了英语单词背诵。同学将合作背单词的卡片张贴在寝

室的布告栏上，每位同学提供要背的单词和相应的快速记忆法，同学们在洗脚睡觉前再复习巩固英语单词。在第二次英语高考中，该寝室同学英语成绩都有很大的进步，李时荣和高越元两位同学的英语成绩进步巨大，分别进步了 25 分和 22 分。以下是他们在读大学后我与他们的微信聊天记录：

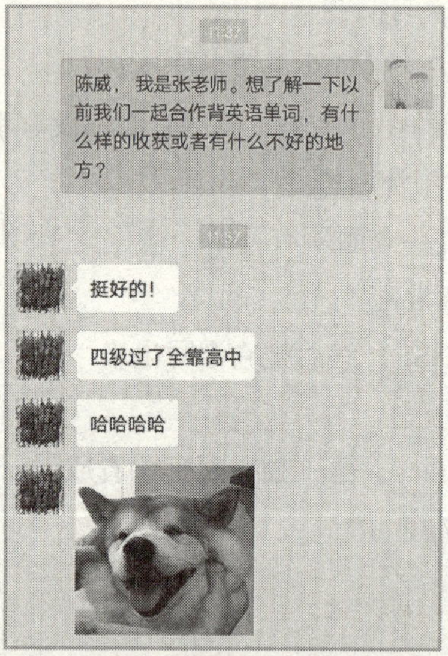

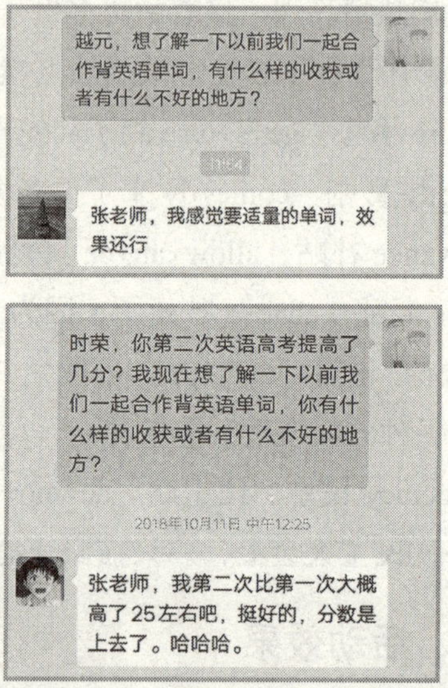

七、二十六年后的美丽遇见

下面是我在就读高中时购买的《新概念英语》，上面有我自学时的笔记，在二十六年后，我又把这本书借给了我的学生使用。

10 The Loss of the 'Titanic'

The great ship, *Titanic*, sailed for New York from Southampton on April 10th, 1912. She was carrying 1316 passengers and a crew of 891. Even by modern standards, the 46,000 ton *Titanic* was a colossal ship. At that time, however, she was not only the largest ship that had ever been built, but was regarded as ...

【周末家庭会议】

1. 孩子向家长谈谈自己的英语学习情况；
2. 家长与孩子聊聊自己学习英语的一些方法和感受。

【教育反思】

在班内开展联系学习法记单词，是我们班“敢为”精神的一次生动实践，活动得到了英语老师华玉玫的支持。一方面营造了人人记忆英语词汇、重视英语学习的氛围；另一方面，联系学习法（记忆桩）确实是一种高效实用的方法，不仅可用于英语记忆学习，在其他各科的学习中也可借鉴使用。

但是，开展这项活动遇到了两个困难：一是手头没有现成的拆分好的单词，而要学生自己拆分会花费很多的时间；二是学习有惯性，每个人原来都有自己的一套记忆方法，用联系学习法记单词要记住各种编码并进行有效组合，打破了原有的记忆方式，特别对于英语成绩优秀的学生而言，他们会觉得得不偿失。因此，老师可以在全面动员的基础上，让学生自主申报，把要参加的同学组成学习小组，每个小组承包一部分内容，一起编制单词的“记忆图片”，再进行成果共享。如果教师已经进行多轮的实验，获得更多单词的拆分方法，直接给学生修改使用的话，那会留下更多记忆的时间给学生，提高学习效率。

把握重点："加三"周

在必修走班课后，教师找学生进行课外个别辅导是一件很困难的事。因此，除了通过"围一圈""求签名""名师导航""生涯导师组"等开展学习共同体活动外，我们重点做好各学科学习方法的指导工作，加强学生的自主学习。

学科的学习方法介绍分学科组进行，小组长主持整个活动。基于学生不同的选考学科选择，学科组活动分两到三个轮次，以使学生的几门选考学科都得到学习和交流。每次活动主要有四个环节组成：一是各科小组长（课代表）介绍本学科重要的学习方法；二是同学们踊跃发言说说自己是如何学习的，并由组长作点评；三是学科组内学生进行考试说明讨论；四是将各科学习方法进行整理汇总，打印出来，张贴在班级学习园地内。

一、政治思维导图

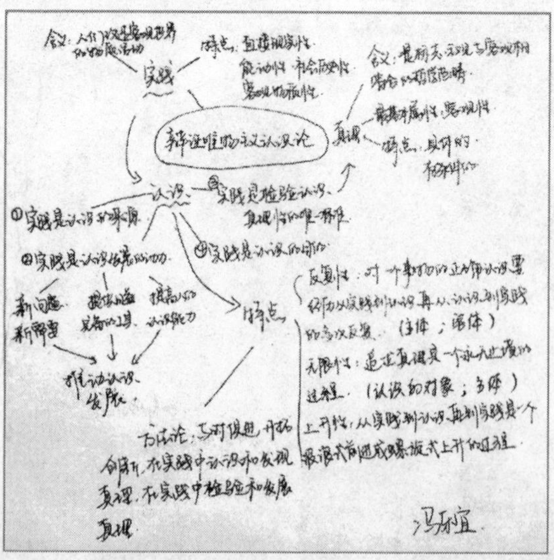

思维导图是一种将放射性思考具体化的方法，在学习、记忆方面帮助都很大。不仅在记忆上可以让学生大脑里的资料系统化、图像化，还可以帮助学生理性思维分析问题，进行统筹规划。不过，要学好思维导图，做到灵活运用可不是一件简单的事，是需要花费一些时间的。考前可用思维导图梳理知识。考前，一边回忆一边画思维导图，对于模糊不清的知识点用红笔标注，后面重点突破。记得有一位高考状元说过，他在记忆政治、历史时，遇到重点或较繁杂的内容，就随时在纸上以列表或提纲的形式理一下思路。这就是简单的思维导图的运用。上页图是冯乐宜同学的政治学科思维导图，这个导图曾作为模板，发给全校的每个学生学习参考。

政治学习心得

首先，对课本内容要熟悉，记住概念和基本原理，看书要透，课本必须理解深刻，在理解的基础上记忆；其次，做好整理与归纳，买来的笔记是别人的，自己整理的才是已经消化了的符合自己思维模式的东西；再者，配合适当的练习，做题也是有方法的，答题也是有技巧的，做题时仔细审题，对重要的内容做出标记，明白出题者的意图；还有，对一些怎么都记不住的知识点，可以先抄下来，比如判断题部分的语句，很多都是正确的，但潜意识告诉你是错的；最后，考前一个星期该仔细看书，不能一味地做题，考试内容经常在书本中，回归课本很关键，重点语句需要画一画，记一记，一些重点很有可能藏在其中，但你却没有发现，每天一套练习也很有必要，对题目要培养出感觉来。（周静雯）

二、读历史书

学历史要扎实、牢固、脉络清晰，上下五千年都用一条时间线串起，进行有规律的记忆。重视书本知识，将书本知识熟读。有同学将历史书从头至尾抄下来，或者将重点内容抄下来，边抄边思考，也不失为一种可以尝试的学习方法。

读书之前，需要对“书”有一个大概的了解。高中历史教材从形式上讲，它大致包括以下几方面内容：

1. 目录是各章节知识的总纲，大事年表是简明的大事记，这是全册课本的总体知识框架，应从宏观上把握；

2. 每章开头的“引言”主要说明本章内容的历史背景、本阶段的时代特征和本章内容的特点；

3. 正文内容（大字）和阅读内容（小字），正文部分是课文的主体，是考试命题的依据，属于必须掌握的内容，阅读部分一般有以下几种情况，或是对正文内容的补充或是正文上下段内容的过渡，或是正文的展开叙述等，应有不同的要求；

4. 原始资料应联系课文内容加以分析，可培养思维能力；

5. 表格、图画要弄清其与正文的关系，安排这图表的用意和作用等；

6. 思考题是高层次的练习，练习题是基本的作业；

7. 学术争鸣，旨在提高思辨能力，要求大家能大胆质疑，养成求知的好习惯。

历史课外阅读书目推荐

1.《中国近代史》蒋廷黻　武汉出版社

2.《全球通史·1500年以后的世界》斯塔夫里阿诺斯　上海社会科学院出版社

3.《菊与刀》鲁思·本尼迪克特　商务印书馆

4.《毛泽东、斯大林与朝鲜战争》沈志华　广东人民出版社

5.《胡适口述自传》唐德刚　广西师范大学出版社

6.《陈寅恪的最后二十年》陆键东　生活·读书·新知三联书店

三、地理地图

地理学是一门研究地理事物在空间分布的学科。地图可以容纳无数的地理知识（或叫地理信息），学会用地图，会使你的地理学起来很轻松；在考试中地理题常常伴着地图一起出现，无图不出题是现在地理学科高考的特点。所以学好地图尤其重要。

“五多学图法”是学习地理的一种方法：一多看，二多背，三多画，四多查，五多想。多看就是把地图当成“小说”经常看，反复看，从头到尾，从尾到头；多背就是要每天早读，把典型区域图的知识点牢记在心；多画就是将一些原理图和地形图画下来，把这些单张的纸保存下来，隔段时间就翻一翻，加强对薄弱环节的复习；多查就是在遇到自己百思不解的难题时，积极去查地图册，查阅的过程就是加深理解与记忆的过程；多想就是当看到一幅区域图时，就尽可能从地理区位角度去思考分析。曾听说过一种“看图想图”方法，就是对着地图的某个部分连续发呆（冥想）一段时间。做到书本知识地图化，把地理知识和地图有机地结合起来，学好地理就不是一件难事。

学好地理三个关键

1. 贵在坚持练习。

2. 每天记一幅地图、做 10 道地理填空题、阅读 10 页教材、整理 5 个地理知识点。

3. 文图结合，将文字、数据、地理知识、地理原理、规律等转嫁入各类地图中记忆理解。

四、物理复习与作业

及时复习和练习是巩固知识、加强理解的重要法则。先复习后作业，既是科学的学习方法，也是学习的一种重要策略。

在复习时，按课堂教学的顺序，先回忆这节课讲了哪些内容，每个问题是怎样分析解决的，想不起来再看书、笔记，对不清楚的地方要逐点分析、推导、比较、记忆。在此基础上，按基础知识、基本技能、基本思想方法，结合自己的认识作一个简单小结，把新知识纳入自己的知识结构之中。

做作业是把知识用于解题实践，培养分析问题、解决问题能力的重要环节，把课本知识和老师讲的知识转化为自己的知识。形成学习物理的技能技巧，掌握物理解题的方法和技巧，培养自己的物理能力，只能通过解题来实现，切不可把适量的作业看作负担。对于批改的作业要及时改错，分析原因，有时作业中出现的问题，在考试中也屡屡相仿出现，因此做作业时必须独立思考，寻找解题方法。作业解题时还要注意总结提高，一要总结分析问题的方法，二要总结解题的途径和解题方法，三要总结一类习题的通用方法。

学好物理一个关键

做题做题多做题，而且要多做难题。熟能生巧才会取得高分。

五、设计化学实验

化学是一门以实验为基础的科学。化学学习过程中的实验，不仅有助于加深我们对化学概念、原理和物质性质的认识，也有助于提高我们的科学素养和创新精神，做实验培养的实验能力也会为学生将来从事科学研究奠定良好的基础。

学生实验能力是化学选考的重点内容，但是学生在实验试题上的答案往往不能令人满意。学生在学习化学时对化学实验的基本操作重视不够，动手实验的机会太少，是学生化学实验能力差的一个重要原因。在实验操作中，学生缺少细心观察、认真思考。因而在选考中暴露出实验能力差距较大。例如“在分液漏斗中用一种有机溶剂提取水溶液里的某物质时，静置分层后，如果不知道哪一层液体是‘水层’，试设计一种简便的判断方法”。这个题目考查了带有一定思考性的化学实验操作，还考查了考生的文字表述水平。正确回答这个问题，绝不是靠死记硬背书本就能解决的。有些实验试题的解答，首先要考虑化学反应原理的科学性，其次才考虑实验操作的科学性。在解答实验题时，把答题过程当做动手做实验来对待，同时要加强书写的规范性，减少不必要的失分。

化学学习心得

化学方程式永远是基础。对于学化学的人来说，如果连方程式都背不会或背不全，做相关题目就会受到限制。高中化学共有一百多个方程式，而学化学的基本任务就是背熟并熟练运用化学方程式。有一种背方程式的方法：首先判断这个方程式是什么反应类型，其次默记方程式中的反应物和生成物，最后根据反应类型、反应物和生成物进行配平。这个方法需要对化学反应的反应类型及配平方法有较高的理解和熟练程度。背方程不是单纯的死记硬背，在理解的基础上去背方程式会有更好的效果。（张佳辉）

六、掌握生物规律

规律是事物本身固有本质的必然联系。生物有自身的规律，应通过总结归纳、经常联想、生物实验等，将散乱的知识串成线结成网纳入自己的知识结构之中，找出生物的内在规律。生物规律主要有：结构与功能相适应，局部与整体相统一，生物与环境相协调，以及从简单到复杂、从低级到高级、从水生到陆生的进化过程等。

掌握这些生物规律将有助于知识的理解与运用，如学习线粒体就应该抓结构与功能相适应：

1. 外有双层膜，将其与周围细胞分开，使有氧呼吸集中在一定区域内进行；

2. 内膜向内折叠成嵴，扩大了面积，有利于基粒、酶在其上有规律地排布，使各步反应有条不紊地进行；

3. 内膜围成的腔内有基质、酶；

4. 基粒、基质、内膜上的酶为有氧呼吸大部分反应所需，因而线粒体是有氧呼吸的主要场所。

这样较易理解并记住其结构与功能。学习不能急于求成，只能在练习与复习中慢慢掌握。

学好生物三个关键

1. 上课认真听讲，课堂上积极思考；

2. 将所有知识联系成一个框架图，细心观察生活；

3. 整理错题，动手做实验，拥有兴趣。

七、提升技术（信息技术和通用技术）学习兴趣

学习态度的好坏不仅直接影响到学习成效，而且直接关系到学生的个性发展。长期以来，技术课是作为一门“副科”存在的，这导致了学校、社会、家长和学生用“有色眼镜”去看待它，把它作为一门兴趣课，根本不受重视。新课改后，浙江省将技术列为“七选三”选考学科之一，学科重视程度有所提高。学生学习主动，对技术课程有兴趣，他就会在遇到困难的时候通过自己的努力去解决，获得成就感与满足感。

学好技术三个关键

1. 多注重细节。

2. 有问题要及时问老师。

3. 平时要多钻研。

【周末家庭会议】

1. 孩子向家长谈谈自己“加三”学科的学习情况；

2. 家长与孩子聊聊自己学习“加三”学科的一些方法和感受。

【教育反思】

智力绝不是成绩的决定因素，关键还是在于学习方法，不同的学习阶段、学习环节需要不同的学习方法，不同的学科、不同的知识类型也需要不同的学习方法。只要方法好，绝大多数学生都能够取得优异成绩。走班教学后，作为班主任老师，对各学科的学习方法都有更深入的了解就显得更有必要了。

考试节奏把握——从容应试

机会只给有准备的人，我们要注意复习备考节奏的把握，让学生在自信的状态下从容应对考试。

新高考改革，要经历两次“加三”学科的选考和英语高考，以分数高的一次作为最后的高考成绩。这样，学生的高考时间已相对提前。在第一次选考期间，我们对整个选考过程进行了整体的安排：选考前四周进行“高效周（日）”；选考前三周，“选考模拟”考试；选考前两周，“劳逸结合，冲刺选考”；选考前一周，“提升信心”；选考前三天，强化考试信念；考试前一天，注意考试事项；在选考成绩出来的一周内，我们又进行了“蜕变周”活动，激励学生为了最初的梦想而奋力拼搏。

考前四周：高效周

时间：选考前一个月

人类近乎本能的有实现潜能和自我价值的冲动。而人的潜能，总是在挑战中逐渐被发掘。高效学习是一种生活方式，是一系列良好的习惯运转的过程，高效学习的基础是良好的自我时间管理。

高中生活非常紧张，学生几乎没有自己的时间。但是如果只是勉强做完老师布置的作业，学习就会很被动，学习成绩自然不会太好。所以，学生必须要在紧张的学习时间里面，进行高效学习，挤出属于自己的时间，这是学生学习上的一个大问题。设立高效周（日），主要是让学生重视高效学习，对照高效学习要求，检视自己的哪些学习是低效的，看看自己高效的极限在哪里，一天时间到底能完成多少任务。高效周（日）学生自己给自己增加学习数量，关注学习质量，增强紧迫感，以提高学习效率。

第一部分 “高效周（日）”活动安排表

时间	活动内容
上周五	宣布下周为高效周（日），要求每位同学制订接下来一周每天的课余时间学习计划；通过自荐和学生推荐结合的办法，产生《走向高效》主题班会的主持人；主持人利用双休日时间查找资料，准备下周三班会课课件

续表

时间	活动内容
周一	再次宣传高效学习的重要性，动员学生认真准备，增强自制力，改进学习方式方法，务求活动有实效；简短的启动仪式，宣布活动正式开始
周三	召开《走向高效》主题班会，交流高效学习的方法，形成班级高效学习的良好氛围；优化周四“高效日”学习计划，结合课表，安排好每十分钟为一段的学习内容，全面点燃学生高效学习的热情
周四	开展“高效日”活动，进入一种“珍惜时间、忘我学习”的状态
周末	回顾反思、总结提升，形成自己的高效学习方法，并运用到以后的学习工作以及生活中去；利用周末家庭会议，听取父母关于高效学习的意见和建议，制订双休日高效学习计划
下周一	交流同学们的高效学习经验

第二部分 《走向高效》主题班会

通过主题班会，让同学们树立一种高效学习的意识，有明确的学习目标，有高效的学习方法，增强自制力，克服自己的弱点与不足，形成良好的学习习惯。同时为周四高效学习日做好准备。班会主题：自律与效率。

一、抓住“四个点”，提升学生高效学习水平

（一）对比反思找准高效学习的着力点

每个人都有适合自己的学习方法，首先从下列几项中选出与自己吻合的选项，然后思考自己怎样改进学习方法。（1）学习无计划；（2）不会科学利用时间；（3）不求甚解、死记硬背；（4）不能形成知识结构；（5）不会听课；（6）不会阅读；（7）不会抓重点和难点；（8）不能理论联系实际；（9）不善于科学用脑。

在学生思考自己的不足后，展示“尖子生”的学习方法。有人曾将202名“尖子生”的学习方法作了统计，“尖子生”之所以取得好的学习成绩，与他们掌握了正确的学习方法是分不开的。相反，某些较聪明的学生，他们虽然智力正常，学习也肯努力，但是学习不入门，不会科学用脑，没有掌握好的学习方

法，他们往往死抠书本，死记硬背多，而灵活运用、深刻理解少，因此，学习效率很低，自然学习成绩也会越来越差。

对比"尖子生"的学习方法后，请几位同学说说自己学习方面的不足和改进的措施。

（二）学习状态是高效学习的起始点

学习状态是指在学习时的心理、情感、态度、思维等活跃、积极、接纳、参与状态的综合。良好的学习状态和必要的前期准备工作是高效学习的起始点。

成功者控制自己的情绪，失败者被自己的情绪所控制。我们为自己人生奋斗时，需要牢牢控制住自己的情绪，让自己的成功道路上减少不必要的羁绊，让自己追求成功的道路上多一些阳光，多享受一些人生的快乐。

为了让学生学会控制自己的情绪，我们开展了一个活动：看网上的搞笑视频，看谁控制力强，能保持不笑到最后。通过这个活动告诉同学控制自己情绪的重要性，在学习时要有好的情绪，尤其是学习前整理好自己的情绪，为高效学习做好准备。

（三）乐观自信是高效学习的基础点

广义地讲，自信本身就是一种积极性，自信就是在自我评价上的积极态度。自信是发自内心的自我肯定与相信。自信无论在人际交往、事业上还是在学习工作上都非常重要。增强自信方法有很多，如练习正视别人、咧嘴大笑、用肯定的语气消除自卑感、做自己能做的事等。

给学生讲故事《只追前一名》：

一个女孩，小的时候身体羸弱，每次体育课跑步总在最后一名，这让她非常沮丧。女孩的妈妈安慰她，因为年龄最小，可以跑在最后，并给她定了一个目标：下次跑步"只追前一名"。小女孩记住了妈妈的话。再跑步时，她就奋力追赶她前面的同学。结果从倒数第一名，到倒数第二、第三、第四……一个学期还没结束，她的跑步成绩已到中游水平，而且也慢慢地喜欢上了体育课。接下来，她妈妈把"只追前一名"的理念引申到她的学习中，"如果每次考试都超过一个同学的话，那你就非常了不起啦！"在这种理念的引导教育下，这个女孩居然从北京大学毕业，并被哈佛大学以全额奖学金录取，并在哈佛攻读硕士学位、博士学位，其间还担任了哈佛大学研究生总会主席。她就是朱成。

这个故事激起了同学们的自信心和高昂的斗志，通过一次次小的成功，一次次地达成目标，得到他人认可和赏识，就会逐步走向更大的成功。

（四）好方法是高效学习的增长点

要想进入高效率学习状态，有很多事情可以做。如学习上要有明确的学习计划表，保证合理的睡眠时间，学会放下架子向他人求教，尽量超前学习，养成做笔记的习惯，养成归纳的习惯，懂得长时记忆的方法，反复推敲、检查、纠正自己的学习内容，多动手实践，加强限时训练，主动联系多位同学组成合作学习小组，最难的事情最先做，给自己定一个结束时间等。

我们开展了记忆比赛，让学生了解记忆也是有方法的，平时要注意学习一些记忆方法，并运用到学习中去。在电脑上打出两个长的英文单词，让学生看一分钟，然后上讲台把这两个词中的一个写出来，或者统计出这个单词的字母个数。① Antidisestablishmentarianism（反对解散国教主义）；② honorificabilitudinitatibus 出现在大文豪莎士比亚的剧本《空爱一场》（love's labour's lost）里，意思是“不胜光荣”。对于记忆比赛的优胜者进行奖励，并由优胜者介绍自己记忆的一些“窍门”。主持人向同学们介绍艾宾浩斯记忆规律和费恩曼学习法。还从记忆的具体技巧作了介绍，如对一些难记和难理解的内容，用自己的话对这些知识点进行理解描述，然后逐一写下来等。要求学生课后总结自己的一些高效学习的高招。

二、做好周四高效日活动准备工作

第二天就是高效日，为了高效日活动的顺利开展，需要准备好以下六件事：

（一）选定竞争对手，人人参与竞争

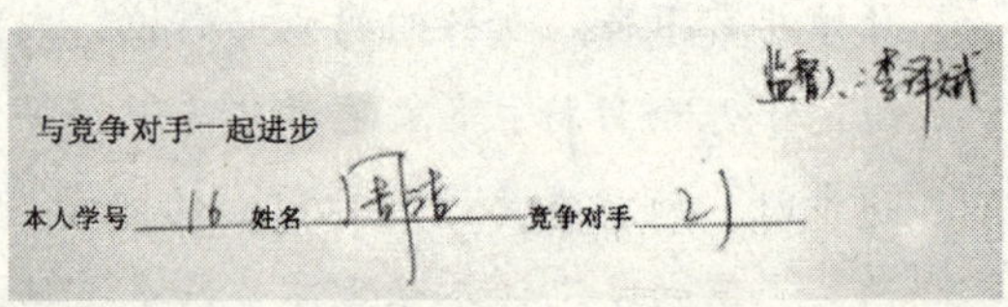

竞争可以产生高效，从而与竞争对手一起进步。每位同学要有自己心目中的“竞争对手”，将他“打败”，从而自己获得“成功”。首先要更全面地了解你的“对手”，做到知己知彼。让学生有明确而又可行的目标，真实而又适度的期望，脚踏实地，胸有成竹地朝前走。

（二）“三闲”督促小组进行微调

根据座位的变化，有部分学生对自己的“三闲”督促人进行了调整，最终目的是自己监督自己。

（三）修订高效日计划

以上周制定的每日学习任务为基础，优化高效日（周四）一天的安排，合理利用碎片时间，抢占时间，勤奋学习。

为此，我们讨论了课间十分钟怎么过这个问题。大家认为，课间是用来调整状态的，除去上厕所的时间，还可以用来解决上堂课的疑难问题，准备下堂课的内容。

此外，我们设计制作了“高效日”的时间表，以十分钟为单位，将一天时间细分成一些小的时间段，每一段都有要完成的任务，让学生对每一时段进行合理的计划安排，发掘潜力，挑战极限。通过活动日的开展，让学生体会时间的流逝，训练管理时间的能力。随着一个个小目标的实现，体验到成功的乐趣，有信心去实现下一个目标，不断地进步。

彭敏同学“高效日”挖潜计划（部分）

高效日挖潜计划　　姓名 彭敏 学号 20

	时间	内容	挖潜
1	6：10 前	起床洗漱	
2	6：10-6：20	打扫卫生	
3	6：20-6：30	高效早饭	
4	6：30-6：40	补作业、背诵	
5	6：40-6：50	看书	将一些易错点、易混点随笔记下
6	6：50-7：15	自早读 复习	做好笔记，理清思维，列好提纲
7	7：15-7：35	早读 语文	
8	7：35-7：40	交作业	
9	7：40-8：20	语文	回顾上节课知识，继续深入学习，在老师发问前思考问题
10	8：20-8：40	大课间	回顾语文课上内容，放历史、政治电影
11	8：40-8：50	休息	放松心情，清醒头脑，理清思路，准备数学书及作业本
12	8：50-9：30	数学	掌握解题技巧，回顾上节课知识，题目自己去研，不轻易放弃
13	9：30-9：40	问问题	向同学学习解题技巧，弄清楚每一个步骤的原因
14	9：40-9：45	眼保健操	巩固知识

（四）激情早读和激情跑操

一日之计在于晨，早晨的精心安排，专心读记，有利于保持一天高效专注的学习。布置高效日激情早读，就是在早读时加快语速，加大音量，充满感情，读到口干舌燥时也不停止；激情跑操，就是在大课间跑操时，每跑 100 米喊出响亮的班级口号，队员们步伐齐整，蹬地有力，比平时还要多跑一圈。

（五）提高听课效率

经过同学们的热烈讨论，一致认为多回答问题是提高听课效率的好办法。这与课堂听课的三重境界的最高境界不谋而合。课堂听课：第一境界只是听；

第二境界是听并思考；第三境界是听、思考并积极与老师、同学对话互动。要求同学们要专心听讲，力争做到听课的最高境界。

（六）评选“高效之星”

周五早晨统计好自己高效日的“三闲”数量，根据自己的表现，填写高效日活动记载表。班级汇总学生们的表现，评选出若干“高效之星”。

高效日活动评价表

1. 计划执行情况（优　优良　良　中　一般　差）
2. 激情早读情况（优　优良　良　中　一般　差）
3. 情绪控制情况（优　优良　良　中　一般　差）
4.“三闲”控制情况

闲话：　　　　句；闲事：　　　　件；闲思：　　　　次

5. 学习方法上需要改进的地方是什么？如何进步？执行情况如何？
6. 记下你的高效招数，至少写一件。

高效日自我总评：（优　优良　良　中　一般　差）签名：

高效日监督人总评：（优　优良　良　中　一般　差）签名：

班级“高效之星”

陈思媛　周静雯　顾宇衡　沈婷　戴王磊

学生高效学习招数

1. 背历史的时候做到心到、眼到、口到真的很重要。（陆雯莉）
2. 多做题，多总结，多记忆。（金加辉）
3. 利用空闲时间看错题。（周恬）
4. 背书时多读几遍会背得很快。（龚婕妤）
5. 珍惜所有时间。（叶靖怡）
6. 据统计，预习关键信息，然后睡觉，有助于提高20%～30%的记忆力，所以要睡前回顾。（张路路）
7. 在别人聊天时，心无旁骛，使自己可以静下心来，不要注意别人聊天内容，专心做自己的事。（张怡）
8. 看教辅资料后，立刻闭书做题。（顾梦娇）

9. 动作快一些，解题认真一些，不要马虎。（朱玮怡）

10. 专心致志地做事。（陈金宇）

11. 晚自修下课前 5 ～ 10 分钟换考试知识点背诵。（沈婷）

12. 课后反思上课内容。（陈宏宇）

13. 劳逸结合。（吴冰鑫、周静雯）

14. 听、说、读、写四合一，加强记忆。（陈思媛）

【学生体会高效】

但在高效日那天，叽喳的嘴巴也停止了弯曲的弧度，世界仿佛静得只有我一个人一般，思想却在奔腾不息，手中的笔如离弦的箭，魔力般地射中红心，千军万马奔腾也不过如此罢。那日仍意犹未尽，如把握住了飞走的气球，如偷吃到了甜食的孩子一般窃喜。真是一次全新的体验和丰富的人生经历，在与时间的赛跑中，我真的用心体会着高效，体会着高速运转的快感和头晕目眩……（潘蕾蕾）

在这一天高效日中，显然大家都改变了很多。中午大家都是跑着去吃饭的，回来的时间也早了许多，还未到规定的时间，教室里便坐满了人，没有迟到的。下午的自修课也没有人睡觉了，大家都安静地看书做作业，没有讲话的。晚自修的时候，所有人都很早就安静下来了，不用再让班长喊"安静"了，上课后的纪律很好，没有上课后还跑来跑去问题目的，也没有去书吧的……大家都很享受这种氛围。

（张怡）

【周末家庭会议】

1. 每人谈谈高效的好处，最好是发生在自己身上的，也可以是听说的，然后孩子谈谈自己打算如何高效学习；

2. 制订双休日高效学习计划，孩子宣读，并请家长监督；

3. 远离手机、电脑等电子产品，限制玩手机的时间，体会高效学习的好处，珍惜时间。

【教育反思】

通过“高效日”活动，给学生以全新的体验，让学生乐在其中，对照高效学习要求，检视自己的哪些学习是低效的，看看自己高效的极限在哪里，一天时间到底能完成多少任务。高效日的开展不宜太多，应偶尔为之，这符合一张一弛的学习规律。“高效日”那天，我在海盐元济高级中学参加教研活动，不在学校，但从同学们的反馈中可以看出，大家都很好地执行了预定的“高效日”行动计划，提高了学习的效率，体验到了生命的美好，丰富了自己的人生阅历。

考前三周：选考模拟

时间：选考前三周

对待考试正确的理念是：不要害怕考试，无论成绩如何，我们都要感谢考试，把考试当成学习的一种方式——考得好，那是对自己的肯定，要更加自信；考得不好，能够暴露出一些问题，通过反思制订补救计划，进行有针对性的复习。

好的高考备考策略要坚持“学、讲、练、考”的四位一体模式。其中的“考”就是模拟考试，它会随着备考时间的推移而越显重要。但对部分学生来说，他们认为模拟考试和平时考试没什么区别，不知其重要性。如果学生能正确对待模拟考试，善于总结其中的不足，一定会对真实的考试有所帮助。

一、发挥模拟考试的价值

引导学生从对分数的焦虑中走出来，看到模拟考更多的意义和价值。这不仅能够调整备考状态，更能让你从模拟考中变得更强大，并最终让模拟考和高考（选考）实现完美对接。

（一）客观诊断，模拟考能暴露出备考中出现的问题

模拟考试在形式和题量上接近选考，又充分考虑到选考的新特点和新变化，是一场针对选考复习效果的诊断性考试。学生通过考试成绩和题目错对情况来诊断自己的学习效果。考后对每一科进行总结反思：

1. 备考的策略是否得当；

2. 低级失误有哪些，分学科分题型总结出来，做到一目了然；

3. 能力性失分有哪些，即没有掌握到位的知识点和技巧、复习遗漏的内容；

4. 其他失分因素，认真分析各个题型的失分情况，基础题、中档题、能力题的失分情况和失分原因，要诊断准确，对症下药，不能把病症和问题带进高考考场。同时，让同学继续把错题整理出来，经常翻翻看看，以防止“一错再错”。

（二）指导方向，在分析总结的基础上制订复习迎考计划

高考是一种选拔性考试，目的是排序和择优，起决定作用的是自己在整体中的相对位置。在模拟考试以后，同学们更要关注的是考试的名次，而不是分数的高低，如果自己的名次位置和平时的学习情况一致，就算正常发挥；如果是下降，就要查找原因，可能要调整一下自己复习的策略。

在准确横向比较、自我纵向比较和诊断的基础上，制订切实可行的“增分”计划，并严格执行。增强自己复习的针对性和主动性，消除自己的错误和不足，既要按老师的步骤复习，更要以弥补不足为主，两者齐头并进。

（三）考场练兵，提高应试技巧正当时

模拟考试是提高应试技巧的绝佳机会。选考不仅是知识和水平的竞争，也是时间和速度的竞争，可以说每分每秒都是成绩，通过模拟考试可以训练答题速度。

对于模拟考试，既要在纠错中积累考试经验，也要在成功中积累考试技巧。失分一般有三种情况：第一种情况是根本不会做；第二种情况是一知半解，可以下手得几分，但是得不到满分；第三种情况是会做的题做错了。养成深度纠错的好习惯，该得的分就要拿到。深度纠错的目标是“考后100分”，当然，这个“100分”是针对自己个人而言的，通过努力可以达到的成绩，并不是真正意义上的满分。学生要学会“舍得”，不要纠缠于那些自己能力还没有达到的题目上。

（四）锻炼考试心理，帮助快速进入考试状态

模拟考试，贵在模拟，除了对所学知识能力的考查，还有一项重大使命是让学生完全地体验到高考的全过程，特别是心理反应和答题策略。高考的最佳心理状态是紧张中有乐观，压力下有自信，平静中有兴奋。适度的紧张也是十分必要的，可以防止麻痹大意。认真考试，就能锻炼自己的心理适应能力，缓解对高考的神秘感，你越是投入越是体现模拟的意义，收获就越大，要“把模拟考当成真正的选考，而把选考当成平时的考试”。

二、以增量方式评价教学班教学效果

由于“加三”学科实行走班教学，学校对教师教学成绩的评价发生了变化，班级平均分已经不能反映出学生学习情况，而主要以“增量”的形式进行评价。一般做法是：教师在接班时有一个“接班底分”，将这个成绩与全校分值进行比较得出一个差值，这反映了教学班这批学生相对于全校的基础程度；经过一段时间的教学后，通过考试又得到了新的考试分数，将这个分值与全校进行比较，得出一个新的差值；将两个差值进行比较，得出这些学生的“增量”，以此作为评价学生的这段时间的学习效果。下表是化学学科期中考试的成绩情况，中间部分是上学期期末接班时的教学班平均分。

化学学科								
教学班级	教师	上学期期末	平均分	差值	本学期期中	平均分	差值	增量
化学选考 1 班	金老师	64.8	63.3	1.5	69.3	65.1	4.2	2.7
化学选考 2 班	付老师	69.9		6.6	68.8		3.7	–2.9
化学选考 6 班	金老师	59.9		–3.4	62.2		–2.9	0.5
化学选考 7 班	付老师	60.9		–2.4	60.0		–5.1	–2.7

从上表可以看出，化学选考 1 班和 6 班考试成绩有进步。

三、模拟考试成绩的赋分处理

实行新高考“加三”选考后，考生各科成绩按等级赋分，以当次高中学考合格成绩为赋分前提，高中学考不合格不赋分，当门科目计为 0 分。起点赋分 40 分，满分 100 分，共分 21 个等级，每个等级分差为 3 分。排名前 1% 的赋分为 100 分，后 5% 为不合格，成绩为 0。

下表为选考等级划分与赋分表：

等级	1	2	3	4	5	6	7	8	9	10
人数比例（%）	1	2	3	4	5	6	7	8	7	7
赋分（计入高考总分）	100	97	94	91	88	85	82	79	76	73

等级	11	12	13	14	15	16	17	18	19	20	21
人数比例（%）	7	7	7	7	6	5	4	3	2	1	不超过 1
赋分（计入高考总分）	70	67	64	61	58	55	52	49	46	43	40

对于全市统一组织的选考学科模拟考试，教学管理部门往往会根据全市的“大样本”按照选考赋分的原则，对学生进行赋分处理。但是，如果是学校组织的一次模拟考试，由于样本容量不够大，学校很难进行赋分处理。如对于某一位同学来说，他的这次化学成绩是 70 分，那么他的成绩是高于全校 65.1 的平均分，但他的“真正成绩”并不是 70 分，而有可能是赋分后的 85 分，那么他到底能得多少分，这确实是一个问题。

这里提供一种解决这个问题的方案：

（一）确定本次选考模拟考试的最高分、最低分和平均分

将学校近三年（如果没有新高考后的数据，可以参考新高考前的数据）选考学科的最高分、最低分和平均分都分别取平均值，得分记作本次选考模拟考的最高分、最低分和平均分。由于学校生源相对固定，因此这样得出的数据有很强的参考价值。

（二）确定高于平均分的学生的赋分值

将前面得到的年级最高分记为 G，最低分记为 D，平均分记为 P。

将本次考试某科原始考分的最高分记为 g，最低分记为 d，平均分记为 p。

现在要做的是将区间［p，g］上的数据全部转化成［P，G］上的数值，使得得到平均分 p 的同学赋分为 P，得到最高分 g 的同学赋分为 G。

假设 $G=99$，$P=75$，即学校参考最高分 99，平均分 75；$g=77$，$p=63$，即本次考试最高分 77 分，赋分就是 99 分，平均分 63 分，赋分就是 75 分。

如果一位学生考试得分为 68，那么他的赋分应为多少呢？用 $75+\frac{99-75}{77-63}\times(68-63)$ 求出赋分为 84 分。

一般公式为：赋分值 $=P+\frac{G-P}{g-p}\times$（学生考试分 $-\,p$）。

（三）确定低于平均分的学生的赋分值

如果学生考试成绩低于平均分，则用公式：

赋分值 $=P-\frac{P-D}{g-d}\times$（$p-$ 学生考试分）。

而上述赋分只要在 EXCEL 表格中用一句函数命令就可以实现。这样得出的赋分成绩具有很强的参考价值，将三门选考学科的赋分成绩与语数英成绩合在一起就构成了学生总的模拟考试成绩。这个成绩可以用来看作学生的“高考成绩”。

四、建立学生成绩跟踪机制

由于要经过两轮的选考，对于同一学科，学生的教学班也在不断地调整变化中，学生二轮选考的教师也有可能不同。各次大型考试的赋分成绩班主任要汇总在同一个 EXCEL 工作表中，并通过图表的形式直观地显示学生成绩的变化情况，以进行有针对性的教育。将这个图表也发给相关的学科教师，使他对学生有一个深入的了解，以开展更适合学生的教学。

学校如果能够将学生成绩分析系统纳入到“智慧教育”网络平台，教学管理部门及时将学生成绩导入系统，则学生、老师、家长都可以随时随地看到学生成绩的变化情况，了解学生学习状态。

【学生感悟】

要慎重对待模拟考试，但不要为它背上思想包袱，老是陷在自责的阴影里，影响了复习，这是很不明智的。这毕竟不是高考，你还有时间和机会吸取教训，总结经验，在高考中取得好成绩。(金加辉)

【周末家庭会议】

1. 孩子与家长交流模拟考试情况，说说下一步努力的方向；

2. 家长鼓励孩子在今后的学习中取得更优异的成绩。

【教育反思】

班主任要重视模拟考试，尤其在实行走班教学以后，考前做好考试动员工作，让学生“把模拟考试当成真正的高考”，调整好考试心态，掌握必要的应试技巧；考后做好模拟考试成绩分析工作，进行个别谈心，掌握学生思想动态，联系学生的课任老师，帮助学生提升学习能力和水平。

考前两周：劳逸结合

时间：选考前两周

下下周就要选考了，同学们都在紧张地复习迎考，个别同学却出现了发烧、头痛等学习过度疲劳引起的症状。为了调整一下同学们的学习状态，适度放松心情，班长曾敏烨与班干部商议，决定召开一个“劳逸结合，冲刺选考”的主题班会。副班长顾宇衡主持了这次主题班会。主题班会的内容，主要有三个方面：一是讲讲紧张学习与适度放松的关系；二是同学们表演节目，提前过愚人节；三是学唱歌曲，通过歌唱来松弛自己紧张的神经。

一、处理好紧张学习与适度放松的关系

主持人通过两个实例，讲了坚持学习之余适度放松的重要性。

有一个心理学家做过一个实验：

第一天在一班上课，课后带学生去院子里做游戏，然后第二堂课进行测试第一堂课内容，学生平均得56分；第二天去二班上课，上课内容与测试内容完全相同，只不过在第一节下课后没有让学生去做游戏，而是布置另外的作业让学生做，测试结果平均只得26分。

这个实验说明课后休息的重要性，只有劳逸结合才能提高学习效率。

另一个就是发生在我们身边的真实的例子！

有一个女生，在别人眼里，是一个能够全身心地投入到学习当中的女学霸！她从不在学习的时间内看电视或是玩电脑，甚至可以说从小到大没有使用超过1天的时间在电视或电脑上！看到这里，你是否开始觉得自愧不如。当你在惋惜的时候，别人就比你多完成了很多事！但这并不是一个成功的案例！

由于平时考试成绩优秀，她曾一度被老师认为可以考上“985”大学。但在高考前的那一段时间，她依旧不改以往无聊乏味的学习方式，没有让自己的神经有一丝丝的松懈，使自己过度疲劳，她在高考的重压之下，仅进入了二本的学校。当她得知自己的成绩时，便承受不住打击，精神在那一霎那崩溃了！在那以后，她开始将自己隔离出这个社会，把自己关在屋子里。

就这样，一个栋梁之才消失了！

下面请一些同学谈谈你是如何在紧张学习时进行适度放松的，有什么放松的小窍门。

二、表演节目

主持人介绍愚人节（April Fool's Day）：愚人节也称万愚节、幽默节，时间为公历 4 月 1 日。在这一天人们以各种方式互相欺骗和捉弄，往往在玩笑的最后才揭穿并宣告捉弄对象为“愚人”。在美国，每逢愚人节，不管对方是否相识，美国人都会开些小玩笑。在愚人节比较常见的把戏是指着别人的鞋子说：“你鞋带没系。”学生可能会骗同学说学校放假了。不管是什么样的招数，只要那个无辜的受害者中计了，恶作剧的人就会尖叫：“愚人！”需要注意的是，愚人节这天玩笑只能开到中午 12 点之前，这是约定俗成的。

利用班会课时间，我们也提前过一个愚人节，大家敞开胸襟、放松心情，在适度范围内尽情地“愚”，可以“愚自己”，也可以“愚他人”。

此环节的活动规则：先让一位同学上台表演节目，在引发同学们大笑或大家确认同意后方可离开讲台，离开前还需用抽象画画出下一位你想让他上来表演的同学。

陈威先上场，他讲了发生在寝室的一些糗事，引起众人的同感和哄笑，然后他在黑板上的同一个位置涂了好多重叠的圆圈，说这是“黑牡丹”。下一位“黑牡丹”上场，他唱了一首歌，接着他画了一个横放的椭圆表示全班最“胖”的同学的脸。轮到最“胖”同学出场，他给同学们讲了一个笑话，然后画了一位女生，披头散发，脸上还有好多小麻点，十分形象有趣。这位女生给大家讲了一个笑话版《琅琊榜》，在别人都没笑的情况下，她自己却在台上一个人足足笑了三分钟……

这一环节使大家紧张的神经得到彻底的放松，笑声还引来了隔壁班学生好奇的观望。

三、学唱歌曲

这一环节主要是学唱经典英文歌曲《sailing》，唱出歌声的快乐，以达到陶冶性情、提升品位、进行积极放松的目的。学唱完《sailing》后同学们觉得还是不过瘾，于是再唱一首大家喜欢的周杰伦的《稻香》和励志歌曲《我相信》。

四、参观开心农场

课间休息时全班一起去开心农场放松心情。

学生放松自己的方法

1. 听纯音乐有助于大脑放松，缓解心情，如理查德·克莱德曼《午后的旅行》、班得瑞《moonglow》（月光）、《kiss the rain》（雨的印记）等，也可以用香熏，同时一起用效果会更好。

2. 出去运动一下，出一身汗，再回来好好地洗一个澡，心情就会好很多。

3. 打瞌睡有助于恢复自己的精力，实在吃不消时，告诉同桌自己要趴一会儿，让他十五分钟后叫醒自己；中午时间午休一下，哪怕是20分钟时间都可对消除疲乏、恢复大脑机能有好处。

4. 集中思维，想象一下你平时所喜欢的事物。

5. 做一些简单的动作，如跳绳、踢毽子、倒立行走等，这样可以使自己放松。也可以和朋友聊天，做做家务，出去玩等，转移自己的注意力，舒缓身心的疲惫。

6. 把不开心的事告诉朋友、亲人，或者可以大哭一场，以释放自己压抑的心情；同时也可以摔枕头，打沙包发泄自己，不过发泄地点、场合、对象要适当，避免产生不良后果。

7. 利用阿 Q 精神进行自我安慰，可以找一些适当的理由告诉自己，这样可以帮助你在挫折面前接受现实，以保持自己乐观的心态。

8. 去开心农场、公园走走会放松心情。

9. 保持微笑，亲切甜美的笑容能带给自己很强大的信念。

学生总结考试焦虑的原因

1. 父母期望太高；
2. 自己对自己的期望太高；
3. 自己复习还不到位；
4. 害怕自己考不好。

【周末家庭会议】

1. 每人讲讲发生在身边的有趣的事；
2. 在学习之余，一家人去附近的公园逛逛，放松一下。

【教育反思】

学习之道，一张一弛。经过长时期的学考选考准备，学生可能会出现疲乏的现象，这时需要班主任及时干预，在恰当的时间介绍放松方法，开展趣味活动，让学生适当放松一下。

考前一周：提升信心

时间：选考前一周

下周就要选考了，学生的选考学科都进行了至少一轮的复习，这时更需要的是提升学生对考试的信心。因此，我们班级开展了“自信心提升行动”。

一、放大优点

每人写下自己的优点和别人的优点，利用班会课时间进行“放大处理”。每人写5张优点卡，一张写给自己，两张写给左右两边的同学，另两张写给班内自己学习的榜样。这样，每人都能得到一定数量的优点卡，至少三张。

姓名：
优点：
我很优秀，我一定能考好！

因为教室后排有一位同学没有左右邻桌，这样他有可能只得到一张自己写的优点卡，于是我安排了前桌的两位同学各写一张给他。我自己也写了五张优点卡，一张送自己，两张给成绩暂时落后的同学，一张给一名成绩优秀但大考发挥不稳定的同学，还有一张给了一名中间生。

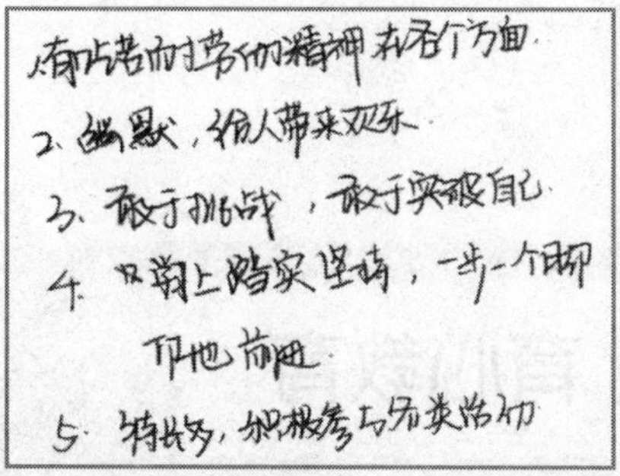

一位学生给她同桌写的优点卡

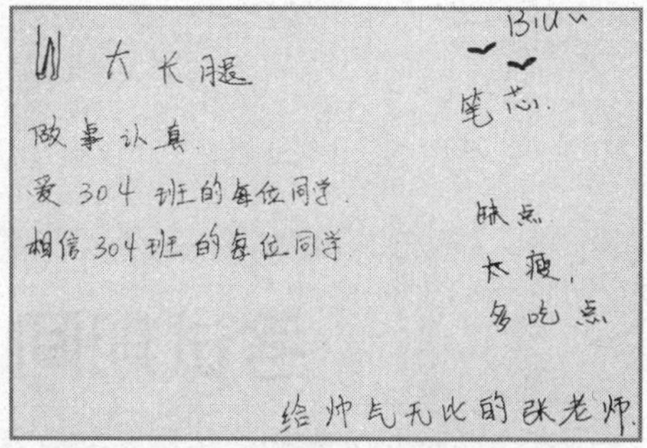

学生写给班主任的优点卡

二、唱励志歌曲

播放、齐唱励志歌曲：零点乐队《相信自己》。

三、介绍学科考试策略

班级各科小状元上台介绍复习经验和考试策略。

四、预测选考试题

晚自修第一节分学科进行学科合作组讨论，预测本轮学考选考的试卷命题情况。

获得优点卡最多同学

（八至九张）

唐怡清　曾敏烨　戴王磊

【学生感悟】

当老师念到我的名字时，我的心激动不已。别看那只是一张小小的卡片，但上面寄托着老师和同学们对我的赞扬和鼓励，更有属于我的自信，记录了我人生的一个重要节点，我要好好珍藏它，化作前进的动力。（唐怡清）

【周末家庭会议】

每位家庭成员讲讲自己的优点，孩子讲讲在校时得到的优点卡，提振自信心。

【教育反思】

我们的学生需要更多的自信去面对即将到来的选考，班主任要通过各种形式给学生加油打气。

考试期间：育心教育

时间：英语和选考学科考试期间

浙江省的新高考，学考和选考将分离开来，考生只有学考通过，才能参加选考。分离后学考的难度会有所下降，选考难度相应上升。在选考期间，要注意做好学生的心理调适，强化考试信念，让学生在平稳的心态下发挥自己平时所学。

一、选考前三天

选考前三天，主要是使学生克服考前焦虑，掌握必要的应试技巧，培育考试信念。

（一）关注“考前64字”

相信潜能，突破自己；
问问老师，提振信心；
按部就班，有序到位；
研读说明，系统回顾；
重温错题，查漏补缺；
模拟选考，体验实战；
劳逸结合，提高时效；
关注细节，书写规范。

（二）强化考试信念

1. 高考是选拔性考试，出题不是为了让每一个人做得出来，而是要挑战你的思维能力，击溃你的心理防线，所以，学会放下很重要，你难人也难，你若做不完大家也可能做不完，若考不好还有第二次机会。

2. 高考出题往往在学生似是而非处出题，在知识交叉点处出题，对于新题要从基本概念、定义出发思考问题，与大脑“题库”中的熟题进行联想和类比。

3. 选考学科考题可以很难，因为高考分值不是看实际考分，而是按省排名进行按比例赋分的，高考什么都可能发生，要有最坏的打算。

4. 要分分计较，注意书写的清晰、格式的规范，批卷是有卷面分的，把每个步骤写清楚了，会有助于解题思路的形成，全省有 25 万左右考生，相差一分就会有几百或上千的名次差别。

5. 考试永远是遗憾的艺术，遇到困难不要灰心。

6. 考完一门扔一门，永远要往前看，不是往回看，目光关注下一门考试。

7. 作弊不仅是可耻的行为，也是犯法的行为，是万万不可做的。

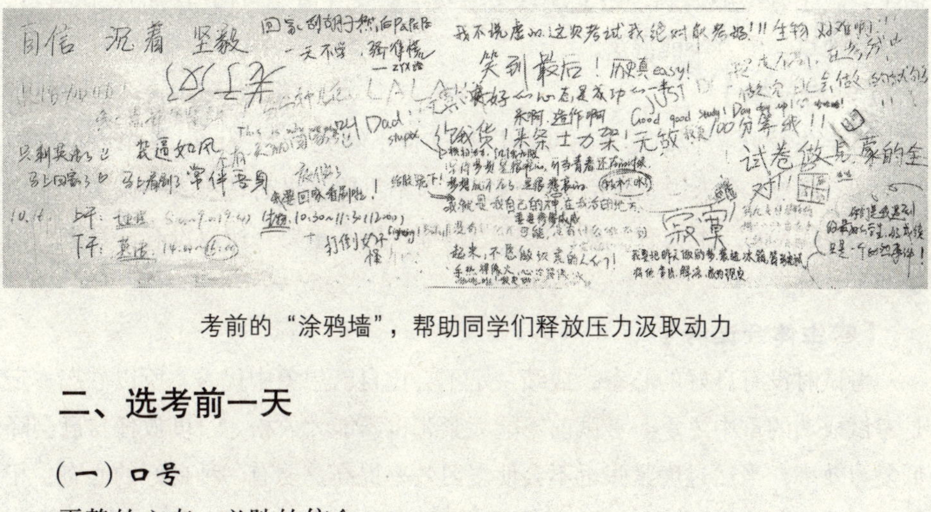

考前的“涂鸦墙”，帮助同学们释放压力汲取动力

二、选考前一天

（一）口号

平静的心态，必胜的信念。

（二）标语

保持微笑，继续前行！

（三）适当的放松和调整

适当的放松和调整是考前一天的主旋律，保持心情愉快很重要，答题时要放松心态。

（四）坚持考试

选考原则上不参加考试不计入考试次数（共有两次机会），但建议学生报了就考。

（五）考试注意事项

专心考试，不要患得患失、三心二意。拿到试卷先整体浏览，预估试卷的难易程度，时间上有一个整体把握。审题要认真仔细，计算题要写出过程，并进行即时检查，卷面整洁，不要在一道题上花太多时间。

（六）考试物品准备

仔细检查必备文化用品（手表、0.5 毫米及以上的黑色签字笔、2B 铅笔、三角板、圆规、橡皮等），不得用修正带及涂改液，不准带通信器材！将必备用品装在一个厚而透明的小塑料袋中。

（七）考前交通信息等核查

每位通校生考生要提前考虑好自己从家出发到考点的行进路线、时间及交通工具，千万不能迟到，路上注意交通安全。要弄清楚自己所考的考试科目、时间、地点，千万不能混淆。

【考后反馈】

有学生反映物理试卷非常难，思想准备不够充分，考试时整个人都蒙掉了，没有考好；有人说，政治有些内容认为不重要，没有认真看，其实考了个大题；也有人说，生物有一块内容连老师都认为不重要，所以没有认真看，但是考了 6 分。

【学生体会选考】

考试时没有良好的心态，成绩一定不会比自己想象中优秀。所以心态一定是考试成功的重中之重。考试前不能太紧张也不能太放松。过度放任自己会降低复习效率，当然过度紧张也不会使复习效率提高。要有一种良好的心态，相信自己一定能行，我是最棒的。这是我经历这么多次考试总结出来的心得。（周洁）

高考的题目难度大，学会放弃是必须的，如果过于执着于某一道题，时间不够，最后可能得不偿失，同时放弃也可避免对心理状态造成大的影响。在考试前学会执着，在考试中学会放弃，可以算是考试的智慧了。（龚秋虎）

我们不是韩寒，强大到不需要一纸文凭来证明自己，也不是有机会到国外留学的孩子，可以逃离噩梦般的高考，对于这段人生的轨迹，我们习惯地叫它"奋斗过的青春了无遗憾"。通过这次的选考让我有了更深的反思：一要反思自己的学习习惯。上课是否认真听讲、认真记笔记？作业是否及时完成，是否独立完成？是否主动学习，主动钻研？是否注意答题规范，书写整洁？ 二要反思自己的勤奋度、刻苦度、专注度。学习永远是苦根上长出来的甜果。一切少付出多收获的想法都是不现实的。自己要多自问：面对作业，面对压力，是否怨天尤人？自己的学习，是心无旁骛，穷根究底，还是心猿意马，浅尝辄止！（陆雯莉）

我的选考似乎和别人不太一样，感觉每天都十分散漫，一点儿也不懂得紧张。自己在烦躁中看到死亡的镰刀，而其他的人，都在沉默中用汗水浇灌出盛开的花。第一次觉得内心是那么的空洞，那么的不知所措。想要把自己拽回来，却不知为何空洞，为何不知所措，似乎那几个月里，丢了魂一般。这样的自己让自己觉得很可怕。可能有一部分原因，是想艺考，明明也是要来不及了，可父母方面还在不停地一拖再拖，这让我觉得学习起来很没劲。有一种梦想触手可及却又遥不可及的感觉吧。但选考的那天，我还是紧张了，那样久违的感觉让我觉得很安心。如果可以，我希望下次可以把选考当作无措黑暗中的一点光，希望下一次，我可以拥有一份信仰，让我可以在黑暗中看到心中的凤凰。（汤芸）

【周末家庭会议】

利用放假时间一家人旅游放松一下。

【教育反思】

好的迎考状态是进入一种忘我境界。

班主任前期做好学生选考的指导，学生在第一次选考时确定一到两门重点突破学科，争取“一考就过”，获得一个比较满意的成绩，这样可以放弃第二次选考机会，以便给其他学科的学习留出更多的时间。

成绩出来的一周内：蜕变周

时间：选考成绩出来的一周时间内

主题词：突破自我，给自己一个成长的机会

选考成绩对高考总分影响巨大，虽然有两次选考机会，但如果第一次考得好的话，学生就可以放弃该科的学习，集中时间和精力攻克其他学科，所以对学生来说，这是一个关键事件，是高中学习生涯的一次洗礼。因为刚刚公布了第一次选考的成绩，为了把它的效用发挥到最大，我们班在本周开展了“蜕变周”活动，让学生经历一次学习生涯中的完美蜕变。班会课前，介绍“蜕变周”的主要目的和做法，让学生从内心深处认同发生蜕变的必要性和可能性，有积极参与的愿望和心向。然后召开主题班会，形成良好的教育氛围，促使学生发展“蜕变”。

“蜕变周”目的：通过“蜕变周”使自己得到一次人生的历练。(1)明确高考目标，端正学习态度，养成积极的人生观；(2)反思学习中的不足，形成适合自己的高效学习方法；(3)反思自己性格中的弱点，突破个人舒适区，逼迫自己改掉坏习惯。

第一部分　“蜕变周”主题班会

只有经历“大事情”，才能发生蜕变。1921年7月底，中国共产党第一次全国代表大会由上海转移到嘉兴南湖一艘画舫上继续举行并闭幕，庄严宣告了中国共产党的诞生。中国共产党的成立，对于当时半殖民地半封建的中国来说，是敢为人先的伟大创举，是开天辟地的“凤凰涅槃”。自此，中国社会发生伟大的“蜕变”。

每一个伟大人物的产生也几乎都要经历一段磨砺。“大事情”，对人的个体而言，可以是痛苦磨难、环境的突然巨变，或者长期生活在一定的环境下，到某个时刻经过特殊事件的诱导，从而产生了思想或行为上的飞跃式成长和进步。或许目前很辛苦，或许目前很艰难，但你所付出的一切努力都具有巨大的价值，你所坚持的一切都是为了成就将来的自己。

一、展示一首“蜕变”小诗

这首与蜕变有关的小诗是自创的，为了让同学们感受到生命的力量，尤其是经历了苦难与艰辛后的生命力量。

油菜花

落霜
一次次
将细白珍珠
均匀粘撒在绿色肌肤

飘雪
纷纷扬扬
轻柔覆盖
压平了菜园
只剩下白色和意象中的你

这都不算什么
霜降是你的珍珠粉
厚雪是你的温情被
就是他们
给生命带来了新希望

你变得硬朗
变得矫健
抖一抖身躯
伸一伸腰脚
蜕去染红的旧叶
活出全新的翠绿和生机一片
孕育着耀眼夺目的金黄

二、培养积极的人生态度

作家鲁迅曾说过，青年应当有朝气，敢作为。通过对自我的深度剖析，对自己有一个全新的定位。

（一）积极自我暗示

自我暗示相当于一个人内心的“自我谈话”，代表一个人对自己的看法，是行动的基础。成功心理、积极心态的核心就是积极的自我意识，而自信意识的来源和成果就是经常在心理上进行积极的自我暗示。在内心里认为自己能够成功、正在进步，并且会愈来愈好。学会这种积极的自我暗示对于激发人的潜能和活力具有巨大的力量。

自我暗示可以默不作声地进行，也可以大声地说出来，可以运用肢体语言和表情语言，也可以在纸上写下来，还可以用歌唱或吟诵表达出来。每天只要十分钟有效的肯定练习，就能抵消我们多年的思想习惯。每天多一点微笑，那么每天就会快乐一点。在进行肯定时，尽可能努力创造出一种相信的感觉，一种真实存在的感觉，这样将使肯定更加有效。

（二）改变形象

一个人的形象是外在的，但也是内在的。在人与人的交往过程中，一个人的形象有时会起决定作用，好的形象有利于形成良好的人际关系，可以提升自信心，使自己在工作和学习中处于有利地位。改变人的形象，也有助于形成自己积极的心理暗示。

改变自我形象是一个长期内化的过程，如让自己更敬业、提高沟通能力、做事深思熟虑、为人低调谦和、树立学习意识等。但是有些事情可以立即办到，比如女生把自己的长发剪短，在教室里自己的柜子上贴上奋斗目标，在寝室床头贴上激励自己的偶像的名言、思维导图或要记的英语单词等。要求每位学生必做项目：将写好奋斗目标的便利贴粘在床头，每天起床时和睡觉前默念一遍。

（三）端正态度，明确学习目标

哈佛大学一项跟踪25年的研究显示，在调查之初有无清晰的人生目标对未来的生活影响显著。3%有清晰且长期目标的人，他们一直朝着选定的方向不懈地努力，在25年后他们几乎都成了社会各界的顶尖成功人士，其中不乏白手创业者、行业领袖、社会精英。10%有清晰但比较短期目标的人大都生活在社会的中上层，他们的短期目标不断被达到，生活状态稳步上升，成为各行各业不可或缺的专业人士，如医生、律师、工程师、高级主管。那些 60% 目标模糊的人 25 年后几乎都生活在社会的中下层，他们大都有安稳的工作和生活，但没有特别的成绩。而 27% 没有目标的人，一直没有人生方向，几乎都生活在社会的最底层，他们不停地抱怨，经常失业，生活状况差。

这说明有远大理想与明确目标的重要性。

作为中学生，首先要有远大的理想和清晰的目标，学习班级的偶像——周恩来总理，树立为中华之崛起而读书的人生目标。其次，要明确当前的学习目标。对于当前的选考成绩，同学们要有一个正确的态度：学生以学习为主，在学习上尽力而为，将来不后悔；高考不是唯一出路，但是是相对“直接”的出路。要不忘初心，牢记家庭和个人的责任，为班级争光。

1. 根据学校历年（高考录取）的情况和学生目前成绩在全校的排名，让学生对自己现有的成绩有一个较为客观的判断，思考自己将来的高考成绩定位在哪里？如何提高自己的学习成绩？如何提升自己的综合素质？人生职业发展方向怎样？

2. 比较前面选定的“竞争对手”，查看自己的“进步”情况。

3. 联系生涯导师，开展生涯教育活动，与生涯导师或学科教师交流本次考试成绩和将来的职业打算。

（四）反思性格中的弱点，改掉自己的一个坏习惯

每个人是不同的个体，学习成绩的好坏与自身的因素紧密相关，有意志力不够强的，学习方法不够好的，记性不够好的，自制力不强不能专注做事的，学习动力不足的，目标不够明确的，等等，要自我分析原因，找出不足。

以 21 天为周期，制定改掉坏习惯的时间安排表，并确定达成目标时的状态。逼迫自己突破个人舒适区，每时每刻牢记改正缺点。并将自己的计划公布在同学和家长面前，让同学特别是“三闲”监督人帮忙监督。

（五）感恩父母

何为感恩？《现代汉语词典》的解释为：“对别人所给的恩惠表示感激。”感恩是我们中华民族的优良传统，早在《诗经》中就有“投我以木桃，报之以琼瑶”的诗句，《战国策》中也说：“受人滴水之恩，当以涌泉相报。”民谚民俗中则说得更为直白：“鸦有反哺之义，羊有跪乳之恩”。

在现实生活中，我们的学生享受着父母无微不至的照顾，沐浴着父母嘘寒问暖的呵护……然而有些学生不理解父母，过分地在物质享受方面向父母提要求，但却欠缺对家庭承担应有的责任感。我认为，作为一名高中生应学会对父母负责，我们虽不能与父母分担生活和工作的压力，但在生活上可以少让父母为自己操心，在学习上尽自己最大的努力让父母欣慰。

5月8日是母亲节，每人说说自己母亲的生日和喜好。回忆小时候的事情，体会自己已经长大，离开母亲的怀抱，去开拓自己美好的未来。周末为家庭做一次家务劳动，给母亲写一张母亲节贺卡。学会与亲人融洽相处，孝顺父母从“退一步”开始。

三、形成正确的学习方法

（一）回顾真题，找出知识漏洞

周三下午自修课时间，选择一门选考科目，重做选考真题，晚自修校对答案，并自主回顾以及反思考试时错在哪里？为什么错？努力方向在哪里？下周自修课时间，换一门选考科目继续进行真题回顾。

周末做考试说明中的样卷，然后，将样卷与前面做过的选考真题对照，寻找高考命题规律。

（二）学习专著，进入“最正宗”的高考思维模式

学习杜杰、宋翔宇著的《通往北大的捷径——132天高考备考手记》，进入“最正宗”的高考思维模式。“最正宗”的高考思维模式是按高考考试大纲（考纲）有条理地归结知识和笔记，每次测验过后，马上进行考后分析，对照考纲，修补知识漏洞。遇到问题，课本是第一求助对象。

在学科合作学习小组内分解任务，每位学生承包一部分，逐条阐释考试说明，配上相应的题目，并在组内讲解给其他同学听。学生利用组内活动时间谈学习考试说明的体会和下一步努力的方向。

《通往北大的捷径——132天高考备考手记》的主要观点和做法如下：

蜕变周学习资料

《通往北大的捷径——132天高考备考手记》杜杰 宋翔宇著

▲ 只要依据考纲，把课本知识融会贯通，会用复习资料和高考真题，考一个好大学是指日可待的事情。

▲ 考纲与课本并驾齐驱，考试说明与试题分析做考纲的左右护翼。

▲ 理想的备考状态，是在大量的自我支配时间里，根据考纲，独自进行查漏补缺，遇到难题再向老师请教。

▲ “最正宗”的高考思维模式是按考纲有条理地归结知识和笔记。每次测验过后，马上进行考后分析，对照考纲，修补知识漏洞。考纲不离手，提高高考命中率。

▲ 读熟、深究课本。课本是高考的母题库，是遇到问题的第一求助对象。

▲ 做历年的高考真题，不仅能查漏，而且能找寻高考出题规律。

▲ 上课时，一边听老师讲课，一边翻阅课本，并以读课本为主。已会的就埋头做自己的东西。

▲ 每次模拟，目的是查漏补缺，善于从丢掉的分数中发现问题。

▲ 平时学习好，考得不好，不是因为心理状态不好发挥失常，而是备考“失常”。

▲ 用足够的时间与能指导你的人交流学习情况，可减少复习时走弯路。

▲ 分数只是检测我学到什么程度，试卷中没有掌握的内容和做题时的状态才是我真正关注的东西。

▲ 做题目的：熟练掌握知识；检测知识漏洞；找出解决这

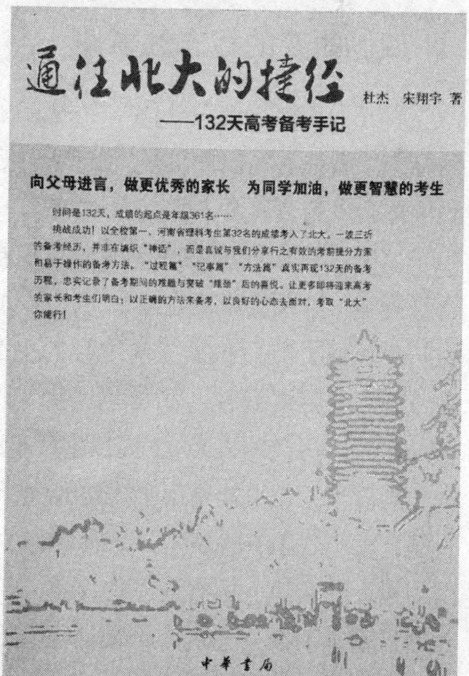

类题的思想与方法；熟悉高考出题规律。

▲ 春节谢绝一切外界交往，进行自学、顿悟，就像佛教徒的闭关修炼。每天下午母女一起坚持跑步。

▲ 稍微放大学习范围，掌握一些超出考纲范围的知识，有时这些知识会起到重要作用。

▲ 考前要重复复习知识。惠尚懿同学，一模 609 分，年级 176 位，高考前 7 天最后一次模拟 636 分，年级 159 名，采取按照考纲迅速浏览基础知识，认真反复重温错题本的方法，最终考上清华。

▲ 语文学习理科化：语文也抠定理与概念，如比喻，先弄明白什么是比喻，什么是本体，什么是喻体，什么是喻词，然后弄明白构成比喻必须具备的条件，比喻的种类、作用等。

▲ 数学复习对照考纲逐项逐条地保质保量完成，每完成一项打一个勾，等到勾打完了，数学就会稳拿高分了。

▲ 坚持听英语课本配套磁带，每天为自己创设一个小英语环境。做英语课后练习，比做教辅书效果更好。学好英语首要是熟练掌握规定词汇。

▲ 化学按照考纲要求，逐条抄课本内容。背重要的化学方程式。

四、蜕变的标志性事件

周五，年级部组织全体学生去上海欢乐谷春游，这是我们班学生“蜕变”的标志性事件。我们提出了“蜕变，从现在开始”的口号，要求学生在活动过程中体会成长，思考人生。

上海欢乐谷拥有 100 多项丰富多彩的项目，是国内占地面积最大、科技含量最高、游乐设施最先进、文化活动最丰富的主题公园。全班学生在大门口先拍集体照，然后根据先前组合的生涯小组，由小组长负责集体行动，不单独行动。春游结束后，每人写出活动项目的体验文字，并评出“多彩 408”的“Warrior”（勇敢的人）。下周以生涯小组为单位，交一篇“蜕变”的感想。

周五当天，可能是由于阵雨天气吓退了一些人，也可能很多学校已经春游过了，整个欢乐谷人不多，只有我们学校的 500 多人和浙江省平湖市林棣中学的一拨人，其他大概都是一些散客。事实上，当天天气特别照顾，学生们玩各种项目基本不需要排队，都玩得很开心。有的学生激流勇进项目就玩了四次，有的玩遍了所有类型的过山车……

学生玩游乐项目的体验及学生评星结果

绝顶雄风：在那一瞬间，世界仿佛安静了。——李泽斌　13 星

谷木游龙：古老的建筑，坟墓的风格，刺激的游戏，神龙摆尾的刺激，谷木游龙的目的地只有一个——墓地。——顾宇衡　7 星

指数爆炸。——陈威　6 星

旋转木马：就好像一个个标志，一个带我们走进童话世界的标志。——王陆斌　5 星

勇敢的人 Warrior

陆洋　周静雯　李时荣　顾宇衡　高越元

学生蜕变周感悟

不要为了大大小小的考试而抱怨，我们人生为了高考已做下不少铺垫，是时候该收收心了。选考已经结束，如何才能不让自己在考场上留下遗憾。希望在剩下的时光能够不忘初心，为了最初的梦想而拼搏！（张雨萱）

我们历经无数痛苦，将自己变得成熟，变得坚毅，为的就是那最后的蜕变——生命的升华。或许现在，每天一道数学题、一篇现代文阅读、一篇英语作文会让你感到痛苦，觉得难以坚持，可当你把这种痛苦化为习惯，真的坚持下来后，你会发现，在不经意的一天，数学试卷上的题你都会做了，现代文你都看得懂了，英语作文你可以文不加点、顺畅地写下来了。试想考场上，你能够一气呵成，再也不用担心有不会做的题；生活中，你能够从容应对各种挑战，再也不用担心自己丢了工作，丢了好人缘，你还会觉得现在很痛苦吗？量变是质变的必要准备，质变是量变的必然结果。成功的那天，并不远，只要坚持。（周静雯）

【家庭会议时间】

1. 孩子说说上海欢乐谷好玩的项目；

2. 孩子总结经验教训，说说在选考中的得与失，并谈谈下一步的做法；

3. 孩子说说自己想要成为的样子（形象），接下来要改掉的一个坏习惯，并请大人监督；

4. 与孩子一起看电影《含泪活着》，共同体会生活的艰辛和不易，体验生命的感动，激励孩子为了家庭梦想而努力学习；

5. 孩子给母亲写一张贺卡，向母亲的无私付出表示感谢；

6. 大人说说自己成长过程中的一些关键事件，是哪几步成就了现在的自己，还有什么人生的遗憾没有实现。

【教育反思】

一切教育都建立在自我教育、自我成长的基础上。在遭遇重大事件后，人们内心会有很大震动，久久不能忘怀。抓住公布学生选考成绩这个教育时机进行教育，可以让学生经历一次中学学习生涯中的完美蜕变，产生飞跃式的成长以及进步。

每年一二月份:“三位一体”

时间：每年一二月开始

“三位一体”综合评价招生，是浙江省在全国率先启动的高校招生改革的重要举措。2011年浙江工业大学、杭州师范大学和中国美术学院正式启动试点。至2019年，浙江省内有49所院校参与招生试点，省外9所（如清华、北大、复旦等）。招生人数从260人达到10000余人。

“三位一体”在第一批提前批中录取，如果学生不参加“三位一体”，在正常的第一批、第二批志愿填报中，也可以填报自己喜欢的学校，达到该校投档线学校也会正常录取。

一、什么是“三位一体”招生

“三位一体”综合评价招生，其实质是将成长性评价和一次性评价相结合。高校依据专业特色和培养目标，把考生的平时学考（会考）成绩、高考成绩，以及所报名学校的综合素质评价结果（面试+笔试），按一定比例折算出一个综合分，作为个人总得分，综合评价，择优录取。其中综合素质评价包括中学综合素质评价和高校综合素质测试。具体招生情况见各高校“三位一体”招生章程。

以宁波大学“三位一体”综合成绩为例，换算公式：学业水平测试成绩（折算成满分100分）×15%+综合测试成绩（折算成满分100分）×30%+高考总分（折算成满分100分）×55%。若考生综合成绩相同时，则按单项成绩高低排序，单项成绩优先排列次序为：综合测试成绩、高考总分、学业水平测试成绩。学业水平测试成绩换算如下表：

学业水平测试成绩（按 10 门计算）	3A	4A	5A	6A	7A	8A	9A	10A
成绩折算（分）	65	70	75	80	85	90	95	100

报考录取大致流程为：网上报名→材料准备与寄送→初审→网上缴费→打印准考证→综合素质测试→公布入围名单→高考→填报志愿→录取。

二、报考“三位一体”需要满足什么条件

各高校的报考条件会有所不同，如：学业水平测试成绩需要达到几个 A，重点参考学科是什么，各类竞赛和特长需要达到什么水平等。具体条件，考生需详细查阅各高校公布的《“三位一体”综合评价招生章程》。

以浙江工商大学“三位一体”招生考试报考条件为例，要求考生参加普通高校招生考试报名，学业水平测试各科目成绩均为 D 等及以上，综合素质评价结果均为 B 等及以上。学业水平测试折算成绩满分为 100 分，其中，A 等计 10 分，B 等计 5 分，C、D 等不计分。1. 经管类：学业水平测试折算成绩达到 80 分及以上；2. 文法类：学业水平测试折算成绩达到 80 分及以上；3. 理工类：学业水平测试折算成绩达到 70 分及以上；4. 信管类：学业水平测试折算成绩达到 70 分及以上。对于学业水平测试折算成绩未达到上述各测试类别要求，若符合相关获奖条件（均限高中阶段获得），在低于各测试类别所需折算成绩 15 分以内者，可申请报考。获奖类别有：（1）学科竞赛类；（2）科技创新类；（3）文学、语言特长类；（4）艺术特长类；（5）体育特长类。（具体见高校招生章程）

三、“三位一体”综合测试考什么

高校综合素质测评形式多样，需要有针对性地进行面试准备。

（一）笔试

“三位一体”综合测试笔试主要是综合知识考查，有点类似于百科知识竞赛，看似与平时高中复习关系不大，其实是高中课程的延伸，课外知识的积累。

笔试题类型：1. 人文历史类；2. 数学逻辑类；3. 机械物理类；4. 生化科技类；5. 时政社会类；6. 地理信息类；7. 教育心理类；8. 综合知识类。

“三位一体”笔试例题：

1.（机械物理类）哪一项是与计算机、半导体和原子能齐名的20世纪四项重大发明之一？（　　）

A. 超音速飞机　B. 激光器　C. 航天飞机　D. 人造卫星

2.（人文历史类）人们常说：“无事不登三宝殿”，你知道“三宝”是指哪三宝？（　　）

A. 纸、砚、笔　B. 书、剑、琴　C. 佛、法、僧　D. 金、银、玉

（二）面试

“三位一体”面试一般采用结构化、半结构化、无领导小组讨论，问答与集体讨论，辩论式讨论等形式。面试板块主要包括个人陈述、自我介绍、特长展示、报考缘由、专业潜能测试、热点事件讨论、各种特殊的问题等。

大部分“三位一体”院校采用半结构化面试，主要包括：综合分析类（社会热点类、名言警句类）、自我认知与专业匹配类（自我认知类、专业认知类）、计划组织类、人际关系类、应变联想类。半结构化面试例题：遇到老人摔倒，有人说要扶，有人说不扶，谈谈你的看法。

浙江大学、浙江工商大学、浙江理工大学、浙江中医药大学等高校采用无领导小组讨论。无领导小组讨论，即“群面”，区别于结构化面试这种“逐一面试”形式，是人才评价中常用的一种测评技术，逐渐适用于各种面试环节中。无领导小组讨论采用情景模拟的方式对考生进行集体面试。它将一定数目的考生组成一组（4～10人），小组成员针对给定的问题进行讨论并作出决策。

无领导小组讨论的过程一般分为三个阶段：第一阶段，考生了解试题，独立思考，列出发言提纲，一般为5分钟左右；第二阶段，考生轮流发言阐述自己的观点；第三阶段，考生交叉辩论，继续阐明自己的观点，或对别人的观点提出不同的意见，并最终得出小组的一致意见。

无领导小组讨论过程中，考官主要通过观测考生的组织协调能力、口头表达能力、辩论说服能力、处理人际关系的技巧、非语言沟通能力（如面部表情、身体姿势、语速、语调、手势）等方面的能力以及自信程度、进取心、情绪稳定性、反应灵活性等个性特点和行为风格，来判断考生是否符合学校专业的相应要求，并由此对考生的整体素质进行综合评定。

无领导小组讨论主要加分项：（1）仔细倾听别人的想法或意见并给予反馈；（2）对别人的正确看法予以支持；（3）对别人的方案提出具有创新的改进点；（4）

适时提出自己的观点并寻求组内成员的帮助；(5) 在混乱中试图向正确的方向引导讨论；(6) 懂得适时妥协以便在小组讨论结束前得出结论；(7) 具有时间观念；(8) 能够对整个讨论进行领导。

无领导小组讨论主要扣分项：(1) 完全忽略别人的陈述；(2) 不友好地打断别人的发言；(3) 陈述不得要领，没有时间观念；(4) 否定一切，太自负；(5) 用过激的语言表述。

每所学校都会有不同形式的考题。如清华大学的面试方式颇具“工科范儿”。面试中既有预先设计好且需每个考生作答的题目，也有考官的随机提问。每个考生要面对3至5个来自清华的考官，12分钟的考试时间被分为4个3分钟。前两个3分钟，所有的考生面对的是两道相同的考题，并分别论述自己的观点（2至3分钟）。第三题为2选1形式，由考生抽签决定。而第四个3分钟，则是考官向考生自由提问，考官会根据考生前3题的回答或个人简历来提问。往年的部分考题有：如何定义理想中的大学与人生？全国用同一张考试试卷，你怎么看？ 如果你是报考医学类专业的考生，则还需加试一道笔试题：以医学职业为主题写一篇500至800字的小作文。

又如浙江工业大学，以“利己主义和利他主义”为切入点，考官们展开各种提问。例如“举一些利己主义和利他主义的例子”“请说出关于此主题的几个成语”“你认为舍己救人是利己还是利他”“请用此主题分析街边摆摊卖水果”“市场经济的利己和利他”。有的则根据考生自荐信提问。有考生自荐信中提到自己爱好文学，考官提问“文学上对自己帮助最大的一本书是什么”。

四、入围考生数与计划招生数比例是多少

在学生进行高校的综合素质测试后，高校会按照一定比例公布“三位一体”综合评价招生入围考生名单。

以浙江师范大学为例，在“三位一体”综合素质测试后，按照“在面试成绩60分（含）以上的考生中按招生计划数不超过1∶5的比例分专业确定入围考生名单”的原则，最终确定“三位一体”综合评价招生入围考生1297人。各专业具体合格人数和分数线如下：

1. 思想政治教育专业计划招生30人，入围考生150人，分数线为62分；

2. 小学教育专业计划招生50人，入围考生239人，分数线为63.67分；

3. 汉语言文学专业计划招生40人，入围考生196人，分数线为72.67分；

4. ……

入围考生须参加高考普通类的报名和考试，安排在普通类提前录取。考生须在“普通类提前录取”填报“三位一体”志愿，并将我校作为第一院校志愿填报，否则无效。未被我校录取的，进入后续志愿的投档程序。

五、为什么要参加“三位一体”招生

“三位一体”招生增加了考生与高校之间双向选择的机会，贯彻了阳光高考的核心精神，给考生多了一条进入大学的途径，获得报考多所院校的机会。具体有以下几大好处：

1. 增加录取途径，降低落榜风险；
2. 综合评价录取，打破考分限制；
3. 报考多所院校，增加入围机会；
4. 把握就业先机，成就美好未来。

六、哪些学生适合参加高校“三位一体”综合评价招生

以下学生适合参加高校“三位一体”综合评价招生：

1. 希望选到更好的专业；
2. 希望冲到更好的学校；
3. 希望给高考保个底；
4. 成绩波动大、不稳定；
5. 知识面广、表达能力较好等。

由于“三位一体”的准备会占用大量的时间，建议报考的同学选择一到两所学校参加“三位一体”测试。

七、高三（4）班“三位一体”录取学生名单

统计显示，高三（4）班有15人报考“三位一体”，10人学校面试入围，8位同学收到“三位一体”录取通知，最后有5位同学通过“三位一体”上了想去的大学，另外3人依靠裸分直接去了理想的大学。

"三位一体"上大学学生名单

学号	姓名	报考学校1	专业	报考学校2	专业	录取学校
4	陆××	杭州师范大学	小学教育	宁波大学	英语教育	宁波大学
9	郭××	杭州师范大学	电子商务			杭州师范大学
17	忻××	台州学院	学前教育			台州学院
18	姚××	浙江理工大学	美术类			浙江理工大学
19	唐××	嘉兴学院	日语			嘉兴学院

八、关于自主招生

自主招生，既可以争取加分的机会，又可以换一种学习方式，调节一下紧张的心情。首先在高三上学期选定一两所合适的大学作为自主招生的高校，一般是和自己模拟考成绩相符或稍高的大学；经过初审后，根据学校寄过来的考试安排，做好相应准备。一般自主招生考试要考查学生的素质和能力，因此考题都很灵活，所以在面试时要放松心情，沉着应对。在面试过程中，要面带微笑，保持清醒头脑，不必过度紧张。

高三（4）班毕业生姚映芳回母校宣传浙江理工大学"三位一体"

1. 介绍浙江理工大学的概况和专业录取情况。

2. 浙江理工大学"三位一体"综合测试流程。

综合测试：笔试＋面试（面试：5位评委，先逐一单独面试、再无领导小组讨论）

笔试：测考生知识面（60分钟，不做筛选，成绩计入综合测试成绩）

面试：分两步面试。面试专家将结合学科背景因素随机分组，每组包含文、理、学生管理各领域共5名专家；考生每8人随机分组；面试当日考场全封闭，专家与考生的各类通信设备全部屏蔽；专家组与考生组现场抽签配对；专家先对考生单个逐一面试，每人自我介绍2分钟＋抽选1题回答3分钟，每组无领导小组讨论40分钟，共计80分钟；面试结束后每位专家独立评判打分，然后合计每位考生的面试成绩。

3. 展示自己的高三之路。

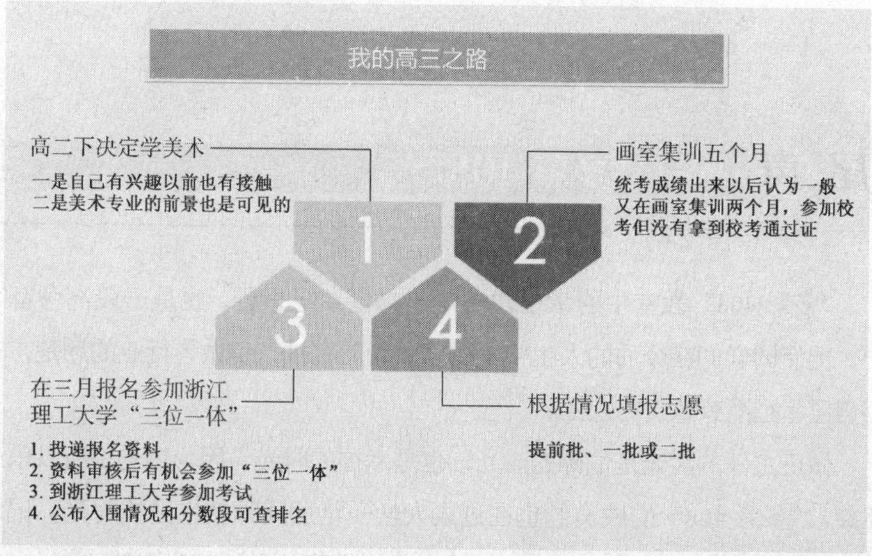

（说明：鉴于姚昳芳同学的精彩表现，她被浙江理工大学评为“暑期社会实践先进个人”。）

【周末家庭会议】

家长与孩子一起了解高校“三位一体”和“自主招生”的相关信息，分析孩子是否要参加“三位一体”和“自主招生”测试。

【教育反思】

“三位一体”更加综合地考察了学生的品质，为高考开拓了另一片天地，不再是一考定终身，是从应试教育到素质教育的逐渐转变。有的学生参加“三位一体”纯粹是为了保底，可适当参加面试培训，熟悉流程，掌握必要的技巧。班主任平时要做一个有心人，收集资料、提前准备，多为学生提供“三位一体”招生信息。

“三位一体”更适合平时比较活泼开朗、有主见的学生。

尾声 回眸“多彩 408”

“多彩 408”教室中的幸福时光是一本青春纪念册，也是一段高考奋斗史，促使同学们在今后的人生中发扬“敢为”精神，争做各行业的翘楚，书写自己幸福而有意义的人生。

做班主任的时光是忙碌的时光，也是幸福的时光，因为热爱，所以乐此不疲。“多彩 408”的成员们也在进入大学一年后回眸教室里的时光，记录下很多的感动，收获自信与富足，确立人生发展的最佳起跑姿势。

丰盛的时光

我这个人忘性其实还是蛮大的，如果在刚毕业那会让我来追忆高中生活，那我兴许还可以叨上半天不带重样的“光辉事迹”。可现在离毕业也已一年有余了，且常常被繁琐的大学生活蹂躏得无暇去细品那段在我生命中尤为重要的时光，脑海中却只剩下些零碎的记忆片段。我便尽力去回溯一番。

印象中，高中时我们班级在大多数校领导与家长的眼中都是一个极为“不务正业”的群体。体现在哪里呢？每当我们班因为一些稀奇古怪的活动造成影响而被年级部发现时，他们总会爱恨交加地叹一口气：“又是你们 4 班！”

但实际上我们班在整个年级就是以“会闹但成绩好”的标签而闻名的。在高二、高三紧张的学习氛围下，大多数班级都秉持着闷头学习的原则，尤其在新高考改革政策出台后，学生们更不敢松懈学习去开展并参加过多的课外活动以免分散注意力。但这个“学生们”似乎从来不包括我们班。高二开始我校就实行了走班制，我们班从那时起就成为了同学们非常喜欢来的教室，很多同学一进教室门就先大步流星前往书架去拿一本自己喜欢的书捧在怀里，在当时几乎所有班级都“严打”课外书的大环境下，我们班坚守住了这一传统。班主任张老师也会经常推荐一些他觉得有意义的书籍放到书架上借我们传阅，甚至为我们自费订阅《青年文摘》《读者》等杂志，每期都会在书架上更新。因此我们班级实际上是一个文学气息较为浓厚的团体。尽管许多家长、老师都不甚认同这一做法，但肯定的是，好的学习过程绝不是死读书。除了习得必要的课程知识外，学生也应当在最好的年华内摄取一些人生经验、世事道理，为以后走上社会道路铺上一层稳固的垫脚石。要清楚的一点是，正常的课外阅读永远不会对学习造成消极影响，只有那些没有自我控制能力的学生才会受到影响，且事实上课外书外的任何一样事物都可以成为他们学习的绊脚石。

高中时我们经常戏称自己班是“幼儿班”，因为张老师总会带我们开展一些看起来非常幼稚的趣味活动。比如一起去学校分配的菜地种菜、踏青、劳作。在繁忙的学习生活中体验劳动与收获的喜悦，同时也可以放松紧绷的心，享受一番大自然的馈赠。除此之外还有很多，如果说要回忆印象最深刻的活动，那或许是爱心义卖。这个活动从筹备到真正开展，每个同学都倾心对待。我们班同学分成了几个小组，大多数都是卖吃的。有寿司、奶茶、鸡排和炒面。寿司是几个女生当天自己提前手工制作的，她们很早就开始学习制作方法并选材。而自制有一定限制的炒面和奶茶、鸡排，则是同学们在外拉来的“赞助”。这个过程中大家都遇到很多难点——如何选到物美价廉的食材，义卖当天怎样赶完几十盒寿司，一大锅炒面该如何运送进学校，等等。但之后同学们都能互相讨论交流并最终找出解决办法，当然这其中也不乏老师们的鼎力相助——对于我们在课间大张旗鼓地将教室变成一个厨房的行为睁一只眼闭一只眼，还愿意和同学分享剩余的“边角料”。尤记得当天我们班义卖现场热火朝天的场景，学生们往我们班的摊位鱼贯而入，络绎不绝。此起彼伏的问价声与拉客声混为一体，摊位被挤得水泄不通，摊位前排起了长龙。没过多久，我们班便成为了全校第一个所有商品都售罄的班级。直到现在，当时那种空前的成就感与喜悦感我都还是记忆犹新，原来通过大家的不懈努力与共同合作取得成功的滋味是这么美好。

尽管我们班的确会参与许多课外活动，但学习氛围绝对也是不落人后的。班主任一直都在我们班设立学习小组，每个小组基本上都采取科目互补的方式，互相带动。成员们都会在闲暇时间讨论学习问题，合作解决问题。有时数学课上张老师在讲解试卷或者作业后，会让小组成员自行讨论解决方法，互相讨教，若小组成员都无法解决便再去询问他，他会亲自到小组内仔细讲解。在大课间或者午休时间，老师们也会经常到班里溜达一圈，看同学们是否有问题要解决，顺便也会和同学们谈谈心唠唠嗑，了解班级日常。由于寝室内不方便学习做作业，班主任也会同意学生们晚自习下课在教室内继续学习半小时的请求。或许就是这些方方面面，才促成我们班学习成绩一直名列前茅。

其实在刚换班主任那时，我一直不太适应张老师的教学风格，他与我们之前班主任杨老师做事雷厉风行的风格实在是有些大相径庭。他所认为的班级理念是“敢为”“多彩”“致远”，所以这些日子以来我们班级也在很好地贯彻着这个理念，在枯燥的学习生活中永远都有乐趣可寻，在众多活动中逐渐培养着自己多方面的能力。大学后在与高中同学们的联系中得知，大家都能在大学的各种社团组织中崭露头角，也或多或少取得了一些成就。在和大学同学们聊起高中生活时，我的经历总是能成为最独特也最令人羡慕的那一段。我想这些都离不开高中时日积月累的坚持。

和大多数人一样，我进入大学后也常常会想念高中时那段丰盛的时光，想念大家一起在教室里共同学习的时光，想念大家一起在操场嬉笑玩闹的时光，想念大家一起写下对数年后自己期许的时光。尽管毕业聚会那天大家似乎都很欢愉，但只有自己才知道在那映满了欢容的日子里，在那昭示着分别的日子里，有这么一刻，我们的眼眶里是盈满着泪水的。或许在几年后或者十几年后的某一个日子里，当不经意间翻出这段旧时光的时候，我们能够这样想道：啊，那曾是我经历过的最丰盛的时光呢！

（永远的 4 班　陆洋）

我们的“多彩408”

西安，初冬，干冷的夜，满地的黄花落叶。落了笔，停下了回忆。殊不知，一些当时看上去不足为奇的小事，却能够长长久久地扎根在你的记忆里。

进入大学已经一年多了，意味着我离开“多彩408”已经一年多了。即便大学里的生活日常都是充斥着忙碌，但静下心来享受片刻的闲暇时光之时，总还是会回忆起高中的那段日子。三两至交、辛勤的老师，都是心中所想、心中所念。

“多彩408”教室是我读高中时的教室，它见证了我们四班所有的酸甜苦辣，更见证着我们所有人一点一滴的成长。

我们的生活是丰富的、有意义的。回想那时，学校活动充斥着我们“多彩408”之人的身影：四高好声音、街舞社、乐队、文艺汇演、校运动会、省模拟联合国大会、爱心义卖、团学组织工作……还有无数已经碎片化了的活动场景。我们从中收获到的，是“敢为”精神的传承与发扬，是优势的确立与开掘，是生活的独立与丰盛，我们将枯燥而乏味的学习变得生动而可爱。多少“多彩408”的人在进入大学之初，便有着相较于其他同龄人而言更好的才气与更强的工作能力。这些，都是我们在高中里就已经做好了的铺垫，也是为不久以后踏入社会所做的准备。

与此同时，我们还是王牌班级，成绩优异。每次公布完考试的成绩，我们总是遥遥领先。其实很多时候，我们都会思考一个问题：为何我们在各个方面都能如此优秀？为何我们能在不影响学习的情况下还能兼顾如此多的课外活动？

问题的答案终究会在匆匆流逝的时间中揭晓。午休时刻，每个人都执笔翻书；课余时间，许多人都围聚着讨论问题；晚自习结束，依旧有几个坐在木椅上的身影，在阅读、练习。我们的课堂充满欢笑，我们在英语课堂播放的电影中无形地提高了口语与听力，在有趣的语文课堂中锻炼了逻辑思维能力……我们都会为了今后更好的生活而努力学习，去与每一个存在问题的细节较真。而正是在这种较真之中，我们遇见了更好的自己。

能够让自己终身受益的，就是终身学习。

“408”这三个数字，包含了我诸多回忆，教会了我诸多事情，激起了我许多情愫。

在“多彩 408”，感动和惊喜从来都不曾缺席，因为总会有不期而遇的温暖，带给你生生不息的希望。

天空上挂着一轮切得圆圆的明月，没有一丝云絮，鲜明而简洁。室内无风，喝完一杯暖茶，合上工作了一整晚的电脑与课本，我像是一只沉湎于冥想的动物。

不知还有多少人会记得那个“408”，那个只属于我们的“多彩 408”。

（“多彩 408”成员　周静雯）

站在未来忆高中

我们的班会总会有一些主题活动，每一期的主题也都不太一样。老师会找班级里的同学，让他们以一个主题举办班会，或是拓展思维的，或是放松心情的。在临近高考的那段日子，在繁重的学习中，班会是总能带给我轻松感的环节，把我从学习中稍微拉出来一会儿，转换转换脑子。学校教给我们的知识总是有限的，而发现一种兴趣、获得学习能力才是长久影响着我们的。感谢我多彩的班级活动，给到我这样的影响，让我学会更积极地参与活动，更自主地发现心中所好并不断为之努力。

（“多彩 408”成员　厉聪颖）

“动作夸张，全员参与”，我们获得了学校运动会最佳表演奖

王牌四班

在这里我培养了良好的学习习惯。“多彩 408”的饭后和课余时间是充满知识的：抽背、讨论，学习疲乏后的调侃抑或安静都是那么和谐。也许就是这些铸就了王牌四班不败的神话。在大学里，这一份情怀和感受也是我一直所寻找的，高中所培养的习惯和多彩发展的思想在大学里同样极其适用，十佳歌手、辩论赛、球赛、奖学金等多项荣誉我也都赢得手中。在大学这样一个小社会当中，“多彩 408”的生活让我能够极快地融入其中，并且发展自我。

（“多彩 408”成员　戴王磊）

请回答，2017

时钟滴答滴答地响着，坐在宿舍的写字台前翻着日历，心中不禁感慨——我居然已经是一个大二的学姐了，可脑海中始终挥之不去的仍是那段清新脱俗、可爱茂盛的高中时光，是那间洋溢着幸福欢笑的“多彩 408”教室。

时光轴拉回我们备战高考的 2017 年，我们班总是那么的独特与充满正能量。虽然高三学习压力巨大，但我们班总能将之转化为动力，首次“七选三”的报名，我们班的同学紧张万分，还是愿意为了自己的未来拼搏一把；为了看一部英文电影，全班拼了命地将英语平均分提到年级第一；我们班近二分之一的同学都报了“三位一体”，为自己的未来提供更多的选择；早读课班级同学组建的“小老师”队伍会轮流给我们上课，我们共学习同进步；我们会去苗圃地一起种菜、浇水，体味少有的挥洒勤劳汗水；5 月 17 日的“感恩、梦想、青春、辉煌”毕业典礼上，我们为我们的青春、未来宣誓，我们感恩老师的辛勤付出，感激父母的默默支持，感激同学之间情同手足；高考前的心理素质拓展活动，我们围成一个圈，做着轻松的游戏，放飞气球，就像是放飞我们心中的梦想；高考前夕的“歌唱大赛”，张佳辉和李时荣的“倾情献唱”，全班为之动容，掌声如雷；当我们最后一次听到“本场考试结束”的一刹那，高三结束了，三年起早贪黑的日子结束了。

再美好的时光总会在弹指间逝去，如今步入大学的校园，我仍会在不经意间想起高中时代的美好，会将精彩的高中生活描述给同学听。直到现在那张贴在教室墙上的励志标语：“将来你一定会感谢现在拼命的你”仍旧贮存在我的心里，它已然成为了我的一种力量，不断地鞭策我摆脱惰性，努力前进，这也让我意识到一个细节会成就他人或自己。

我们始终相信，每一次的分离，都是为了下次更好的相聚。可能若干年后我们的容貌、体形、性格都变了，但是那颗炽热跳动的心和那份沉甸甸的情感始终不变。

不知“408”教室里现在坐着谁，正在上什么课，教室外的走廊上是否依旧有爽朗的笑声，楼下的桂花是否谢了，那埋在风雨操场石碑旁写给10年后自己的那封信是否还在，操场上是否还有不谙世事的少年在奔跑着，天空是否依旧那般的纯净，如果你听到的话，请回答吧！我们的2017！

（高三4班 6号 陆雯莉）

回眸“多彩 408”

校园，那么美
五彩斑斓
活力四射
教室，那么美
窗明几净
书香袅袅

目标，在优势展现中明晰
知识，在思考自主中构建
能力，在多彩实践中提升
情感，在合作互动中升华
精神，在敢为争先中迸发

这边
“多彩 408”
一间平凡教室
一个师生共振磁场
一段快乐丰盈成长记忆
无限相信充满期待中行进
助力我们成就幸福有意义人生
永远爱你们！加油！

“多彩 408”全家福

全书成稿后，我将本书内容制成了 PPT，给广东校长团、给老师们、给大学师范生们讲“一间幸福的教室”，都获得了极高的评价。

给广东校长团讲“一间幸福的教室”

换一种读法

新高考下的走班教学班级应对策略

生涯发展：家长团、“致远4班”；

学习组织：“互教”模式、“互学”模式；

学法指导：学科周、“加三”周、蜕变周、思维日；

选考节奏：高效日、“三位一体”；

选考赋分：模拟考试；

综合素养：群星日、爱心义卖、创新周、省模联……

核心素养视角下的创新班会课课程

以“敢为”的精神让学生享受“敢为”的乐趣，培养学生的“必备品格”“关键能力”。

班主任的“敢为”：开辟开心农场、进行图书馆日、写诗、投稿、发明、记忆法记英语单词、举行周主题活动……

学生的“敢为”：研究性学习、爱心义卖、群星日、投稿、“星”报名、改善门铰链、“三位一体”、杭州模联、上海比赛……

红色文化引领下的学生思想政治教育

有“红船精神”的专题教育，并将“红船精神”之首创精神、奋斗精神、奉献精神分别通过“创新周”“奋斗节”“爱心义卖”的形式加以实践诠释。

更有革命英雄事迹穿插于学生教育全过程，书中有10处提到班级偶像周恩来的事迹……

后　记

HOUJI

高中毕业一学期后“多彩 408”教室里的学生返回母校，并在开心农场留下了合影；高中毕业一学年后同学们又回到母校，在叙旧并听取班主任的“唠叨”后，一起去摩根大酒店就餐。在与学生的交流中，获知许多学生在大学里已经有了一定的成绩，我由衷地为他们高兴。

为什么学生和老师都能感到教育的幸福？我在问自己。

在三川玲和白滔滔著的《通往幸福的教育》中提到，幸福的人生是对生活的热爱、强烈的好奇心和高尚的品格，我们要不惜一切代价去保护它。

回眸“多彩 408”教室的教育实践，这是我二十年教育生命的一次刻画，是近些年班主任工作的一次系统回顾，我一直在努力阅读思考、实践创新，去引导学生热爱生活，保护学生的好奇心，激发学生对自身的高要求，这种生活忙碌而充实，让我感觉到教育生活的幸福。

在后续梳理材料的过程中，我又发现了很多当时还没有来得及细看的学生记录，从中给了我很多的感动。

在本书接近完稿时，我让部分“多彩 408”教室的同学回忆高中生活，并写下高中生活对大学的影响。在看到同学们从全国各地寄过来的回忆文章时，每看一次自己就感动一次，仿佛那段奋斗的时光又回到了眼前。

在给老师们讲这间“幸福教室”时，我又一次收获了满满的幸福。

因为热爱，所以乐此不疲。我相信，教育的最高境界应该不是在学生出了问题之后的应对，而是在于出现问题前的积极引导。在追随教育理想的路途中，自己仍然保持一份童真，进行“润物细无声”式的教育，对学生产生积极的影响，做着有意义的事情。

教育的根本目的就是创造幸福美好的生活，师生之间所有点点滴滴的美好交往，都是一种幸福的相遇！

幸福教室是一朝一夕就能够形成的吗？当然不是。

班主任先要有一个或模糊或清晰的愿景，往那个方向发力，同时让人人都参与进来，包括学校、老师、父母，请每位学生找出教室不完美的地方并加以改进，在行动中找到集体共建的意义，加速学生成长。以教室内学生的需求为核心，抓住现时的快乐和将来的有意义两个关键点，结合外界的需要，不断丰富，不断拓展，使之成为学生的人文花园、成长学园、精神家园、阳光乐园。

中学班主任在教育实践中可能一时无法摆脱“戴着镣铐舞蹈”的处境，但是，不管高考（中考）的指挥棒如何挥舞，只要我们真正有创新的意愿与决心，在任何条件下，我们都可以找到成功的路径。每个人都能够拥有自己的幸福教室。

在嘉兴教育学院陆院长的“最优”的鼓励下，我们又开设了“高中生家长周周导”微信公众号，将学校教育与家庭教育紧密结合，对书中的内容进行再实践，运用家长的力量，提升学校教育的品质。

张林华

750372808@qq.com

2019 年 6 月